Gestión de Proyectos de Desarrollo de Scrum

Evitar Contratiempos en el Proyecto:
Tu Guía de Expertos

Por

Gary Metcalfe

TABLA DE CONTENIDOS

Introducción

---•◆•---

Felicitaciones por la compra de Scrum Project Management y gracias por hacerlo.

Este libro promete ser la guía cuidadosa y bien investigada sobre todos los asuntos que Scrum ha estado esperando. Es el tercero de una serie de libros escritos por expertos sobre Scrum Project Management. Las ideas en este documento son profundas y están garantizadas para agudizar su conocimiento del Marco Scrum. Todos comprendemos el impacto que el avance tecnológico ha tenido en nuestra vida diaria, y cuando se nos pide que apunten a la única cosa que ha traído tantos cambios en nuestra vida, muchos de nosotros apuntaremos a un teléfono inteligente o una computadora. Sin embargo, con todo este poder, vienen nuevos desafíos. El mundo, al estar más conectado que nunca, ha cambiado más allá del reconocimiento hasta hace 10 años y nuestros patrones de trabajo y sistemas han cambiado junto con él.

Scrum es una parte del marco Agile que es particularmente popular en el mundo del desarrollo de software. Es un marco que guía a un equipo de desarrolladores hacia la creación de software que sea relevante y útil para el usuario final en el momento del lanzamiento. Scrum no solo garantiza que los productos sean viables, sino que también garantiza que el equipo de desarrollo aproveche al permitir que los miembros se autogestionen y exploren los límites de su creatividad para resolver problemas. Scrum no debe limitarse al mundo del software, otros equipos pueden asumir el marco para sus procesos de producción únicos.

Con ese fin, los siguientes capítulos explicarán algunos términos exclusivos de Scrum y analizarán qué tan efectivo ha sido Scrum en el desarrollo de software. Algunas personas se refieren a ella como un ajuste natural. También aprenderá lo que necesita para implementar Scrum en su empresa antes de pasar a otros aspectos importantes de Scrum, como la planificación de proyectos, la planificación de lanzamientos y cómo optimizar los sprints. Finalmente, analizaremos las mejores prácticas para Scrum y qué evitar para garantizar una transición y uso sin problemas.

Hay muchos libros sobre este tema en el mercado, así que gracias de nuevo por elegir este. Se hicieron todos los esfuerzos para garantizar que esté lleno de la mayor cantidad de información útil posible.

Capítulo 1

Vista De Pájaro De Lo Básico

———◆———

Los 2 libros anteriores de esta serie han analizado los elementos de scrum desde la perspectiva de un principiante y un practicante intermedio. Recomiendo revisar ambos libros para asegurar una comprensión perfecta de toda la información que se presenta en este libro. Sin embargo, este capítulo es un resumen de los conceptos básicos que se han cubierto en esta serie hasta el momento.

Las organizaciones deben responder a los cambios en su entorno a una velocidad mucho más rápida que antes. Las metodologías tradicionales de desarrollo de software ahora se están volviendo obsoletas a toda prisa debido al rápido cambio en el panorama causado por el cambio tecnológico.

Si las organizaciones se apoyan en los métodos tradicionales, encontrarán que el software que desarrollan estará obsoleto para cuando se lance. Dicho esto, esta serie de libros busca discutir de manera integral los marcos útiles que los equipos de desarrollo de software pueden asumir para asegurarse de que se mantienen en contacto con los cambios en el mercado y que la inversión que ponen en sus proyectos traerá productos que sean viables y aquellos que puede obtener un beneficio.

Se espera que esta revisión exhaustiva le permita ver por qué, más que nunca, todas las organizaciones deben adaptar Scrum y cómo integrarlo en su organización para aumentar la productividad y el rendimiento de sus equipos.

Términos de Scrum

Si es nuevo en el proceso de Scrum, deberá tomar nota de algunos términos de Scrum antes de profundizar en el tema de la Gestión de proyectos de Scrum. Estos términos pondrán en marcha su conocimiento y comprensión de diversos procedimientos y metodologías.

Incluyen:

- Propietario del producto: Scrums comienza con el propietario del producto. Este individuo representa los intereses de los usuarios finales y tiene el mandato o la autoridad para dictar lo que entra en el producto final.

- Scrum Master: Scrum Master asume el rol de facilitador entre el propietario del producto y el equipo. En lugar de hacerse cargo del equipo solo, Scrum Master trabaja para ayudar a dos partes de las siguientes maneras:

o Permite al propietario del producto comprender cómo cumplir sus objetivos y maximizar el retorno de la inversión a través de Scrum.

o Realiza un seguimiento del progreso del equipo y muestra esta información a todas las partes interesadas.

o Ayuda a eliminar cualquier barrera entre el propietario del producto y el proceso de desarrollo para que el propietario del producto pueda impulsar el desarrollo directamente.

o Encuentra formas de mejorar la productividad del equipo de desarrollo.

o Mejora el ambiente de trabajo para el equipo de desarrollo al provocar y acelerar la creatividad y el empoderamiento.

o Busca mejorar las herramientas de ingeniería y las prácticas empleadas para permitir que cada incremento de funcionalidad se pueda enviar.

• Equipo: También llamado el equipo de desarrollo Scrum. Un equipo es un grupo de entre 5 y 9 miembros (7 más o menos dos) que comparten el compromiso de trabajar, transmitir y hacer avanzar el producto mediante una estrategia táctica.

En los proyectos de desarrollo de software, los equipos están compuestos por programadores, arquitectos, analistas, ingenieros de software, diseñadores de UI, expertos en control de calidad y evaluadores. Un equipo así se llama equipo multifuncional porque cada miembro desempeña un papel o función diferente.

En un sprint, el equipo comparte roles para cumplir con los objetivos establecidos. Los miembros tienen la autonomía de desarrollar el mejor enfoque para cumplir los objetivos de la mejor manera posible. Scrum Master trabaja para garantizar que no haya interferencias del propietario del proyecto, lo que limitaría la creatividad y la autonomía de la toma de decisiones. También es ideal para que todo el equipo trabaje en la misma habitación.

Partes interesadas: Las partes interesadas se refieren a aquellos que están afectados por el resultado del proyecto. Este término generalmente se aplica a la administración o los clientes que pretenden usar el desarrollo de software / producto posterior.

Backlog: Esta es una lista de requisitos y tareas. La lista consta de todos los materiales necesarios para elaborar el producto final previsto. Esta lista es altamente prioritaria en Scrum Project Management.

Sprint: el tiempo preestablecido que tarda el equipo en completar todas las actividades del trabajo acumulado se denomina sprint. Este tiempo suele ser de dos semanas, pero podría cambiar según las actividades que se realicen y las necesidades del equipo.

Scrum diario: Un scrum diario es una lista de actividades que el equipo ha logrado con éxito en un día. El equipo se reúne todos los días para dar este informe de progreso. A veces se le llama "soporte diario".

Retrospectiva: al final de cada sprint hay una revisión también llamada retrospectiva. En la revisión, el equipo revisa el trabajo que se ha realizado y encuentra formas de mejorar su desempeño en el próximo Sprint.

Revisión de Sprint: es una revisión del producto que se realiza al final de cada sprint para demostrar a un cliente u otras partes interesadas el funcionamiento de un producto para obtener comentarios.

Roles de Scrum: Estos son los roles en un Proyecto Scrum. Una persona puede ser un Scrum Master, un propietario de un producto o un miembro del equipo, etc.

Reuniones de Scrum: Estas son las reuniones que se llevan a cabo en un Proyecto Scrum. Incluyen Planificación, Tiempo de cuentos, Scrum diario y Retrospectiva.

Tarea Sprint: es un elemento único en la lista que ayuda al principal.

Objetivo Sprint: también llamado el tema Sprint, es el enfoque del trabajo realizado en un solo sprint.

Sprint Planning: es una reunión entre el propietario del producto y el equipo para discutir y planificar las actividades de un sprint. La planificación está destinada a ayudar a las partes a llegar a un acuerdo sobre el compromiso.

Sprint Backlog: es el trabajo programado para ser cubierto en un tiempo definido. Estas tareas dependen de la meta de cada sprint.

Sprint Burndown: es un cuadro que se coloca de manera visible para indicar a todos los miembros del equipo el trabajo que deben cubrir en cada sprint.

Autoorganización: es un principio en Scrum que establece que las personas más cercanas al trabajo entienden mejor cómo hacer el trabajo. Por lo tanto, una vez que haya establecido límites y objetivos claros, debe permitirles que tomen todas las decisiones de implementación y tácticas del proyecto.

Historia: Simplemente, una historia es un elemento en la cartera. La historia del usuario es la descripción más básica de la funcionalidad. Las historias cubren los entregables que deben completarse en un sprint.

Tiempo de la historia: un período de trabajo regular durante el cual los elementos en el trabajo pendiente se deliberan, se refinan y se estiman. Durante este período, algunas historias se priorizan mientras que otras se recortan.

Punto de historia: una unidad de medida para estimar o señalar la dificultad para implementar una historia determinada.

Lista de tareas: son las tareas que componen las historias en un sprint.

Tablero de tareas: un gráfico de pared que tiene notas adhesivas y tarjetas en las que se enumera el trabajo de varios miembros del equipo para cada sprint. Estas notas y tarjetas se mueven cuando se completan las tareas para mostrar el progreso realizado.

Sagas: Es un requisito sobre el cuadro más grande. Este requisito es extremadamente amplio en su alcance y establece el escenario para cualquier otro requisito que deba manejarse en el proyecto.

Epopeyas: las epopeyas son similares a las sagas, ya que duran varios sprints y no se puede decir que estén completas hasta que todos los elementos estén completos.

Métricas: Estas son medidas de eficiencia y progreso, como la velocidad y un gráfico de reducción.

Incremento: Este es el objetivo del sprint. Es el producto final viable de un sprint. La mayoría de los proyectos demuestran el incremento en una demostración que se lleva a cabo cuando se completa un sprint.

Time-box: el tiempo completo que se puede pasar en un evento Scrum. El equipo de desarrollo y el propietario del producto determinan los cuadros de tiempo, mientras que el scrum master garantiza que el equipo respeta sus cuadros de tiempo.

Artefacto: Lo que queda después de que el equipo ha trabajado en una historia como la documentación.

Adapt: es un atributo importante en Scrum que significa realizar cambios en función de los comentarios o de una experiencia de aprendizaje.

Funcionalidad cruzada: una frase que significa que el equipo de Scrum tiene todas las habilidades que necesita para lograr el objetivo de cada sprint.

Definición de finalización: es un conjunto de prácticas que deben realizarse para garantizar que todos los requisitos importantes se manejen en un sprint.

Marco de referencia

Algunas personas consideran que Scrum y Agile son lo mismo porque, al igual que Agile, Scrum se centra en la mejora continua. Sin embargo, por sí mismo, Scrum es un marco que se utiliza para realizar el trabajo. Agile es sólo una mentalidad. Ir a Agile significaría cambiar la forma de pensar del equipo, lo cual sería difícil, si no imposible. Sin embargo, un marco como Scrum lo dirigirá a usted y a su equipo a pensar de una manera determinada para que pueda comenzar a implementar prácticas ágiles en su trabajo y comunicación diaria.

El marco de Scrum se basa en asegurar que un equipo continúe desarrollando, aprendiendo y ajustándose a los factores fluctuantes de su negocio. Scrum reconoce que el equipo puede no saber nada sobre el proyecto al principio, pero con el tiempo, evolucionan y surgen ideas transformadoras que implementan para crear una solución de trabajo para los usuarios finales.

El marco de Scrum está formado por equipos y sus respectivos eventos, roles, reglas y artefactos. Cada elemento de este marco cumple un propósito particular que contribuye al éxito del uso de Scrum. Las reglas unen los roles, los eventos y los artefactos, guiando la interacción y la relación entre ellos.

Los eventos prescritos en Scrum se utilizan para crear un ritmo o un ciclo. A todos estos eventos se les asigna una cantidad máxima específica de tiempo que pueden ejecutarse. En Scrum, esto se llama boxeo del tiempo. Al final de cada evento, el equipo de desarrollo debe producir resultados.

Scrum ayuda a los equipos de desarrollo a adaptarse de forma fácil y natural a las condiciones cambiantes a medida que cumplen con los requisitos del Backlog. Las tareas se dividen para acortar sus ciclos para evitar cansar y desmoralizar al equipo y asegurar que los miembros del equipo sean tan ágiles en el último sprint como lo fueron en el primero. La energía del equipo permanece constante o mejora en el Scrum Framework. A continuación se muestra una imagen de esta estructura.

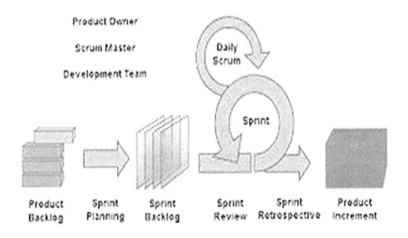

Aunque el marco Scrum está bastante estructurado, no es rígido. Prioriza las necesidades de los clientes en su ejecución, de modo que,

dependiendo de la prioridad, el equipo abandonará todo para atender las necesidades emergentes de los clientes.

En general, la estructura Scrum pone mucho énfasis en valores como la transparencia, la comunicación y se resuelve para agregar valor continuamente.

Gobernancia

Scrum Governance se basa en los principios de Agile Governance. La gobernabilidad ágil hace que sea necesario para equilibrar la gobernanza sofocante y el caos completo que proviene de la no gobernabilidad. Este gobierno se ejerce en los niveles de transformación, programa, proyecto y equipo.

En el nivel de transformación, Scrum brinda apoyo a los equipos mientras se esfuerzan por adoptar Ágil en sus prácticas. Algunos problemas que ocurren en algunos procesos, como el entrenamiento y la capacitación, se abordan de manera proactiva, mientras que otros se desentierran a medida que el proyecto continúa.

A nivel de proyecto o programa, Scrum establece los estándares de trabajo únicos para cada equipo y define los criterios de éxito para el equipo. A nivel de equipo, Scrum proporciona algunas herramientas de gobierno útiles que los equipos deberían adoptar y adaptar a retrospectivas similares, planificación de sprint, revisiones de sprint y estimaciones basadas en equipos. También ofrece métricas que se utilizan para monitorear el progreso del equipo a medida que madura en su uso de ágil.

Los buenos entrenadores ágiles ayudan a los equipos a través del proceso, ya que cada uno busca mejorar.

3 pilares de mejora

Los tres pilares que sostienen el marco scrum son la transparencia, la inspección y la adaptación.

Transparencia

El éxito de cualquier proyecto se logra al involucrar a todas las partes, trabajar juntas y comprometerse con las metas y objetivos del proyecto. Para que esto suceda, cada miembro debe sentirse querido y como un activo importante en el proyecto al tener acceso a toda la información que pertenece al proyecto. Por lo tanto, todas las partes deben presentar los hechos tal como son y ser transparentes en sus relaciones con los demás. Cultivan la confianza y la colaboración.

Scrum fomenta la comunicación saludable a través de las ceremonias de Scrum dentro del equipo y el uso de demostraciones en todos los equipos. El intercambio de información entre equipos ayuda a otros a resolver problemas u ofrecer métodos alternativos para abordar tareas específicas. Tiene sentido compartir información con otros equipos en el proyecto o departamento porque estará trabajando para el bien general.

La transparencia también facilita la resolución de problemas. Es muy difícil identificar un problema si no todas las cartas están sobre la mesa, no hace falta decirlo. Sin embargo, con la transparencia en una organización, es fácil seguir el curso de las actividades e identificar un percance. Si los problemas se resuelven de esta manera, sin culpar a nadie, la organización obtiene una ventaja competitiva porque puede abordar los problemas muy rápidamente, según vengan, evitando más complicaciones y posibles daños.

Inspección

En Scrum, la inspección no se refiere a la evaluación realizada por un inspector, sino a la evaluación que realizan todos los integrantes del equipo. Los miembros del equipo están obligados a inspeccionar los procesos, prácticas, productos, problemas de personas y las mejoras que se están realizando.

Ser crítico no significa ser crítico, encontrar fallas, ser negativo o buscar a alguien a quien culpar.

La inspección solo se hace con la intención de mejorar.

Solo se requiere que los proyectos de Scrum mejoren con el tiempo para abordar los problemas que un equipo podría plantear y aumentar la productividad al realizar cambios incrementales.

La inspección se realiza durante el scrum diario y las retrospectivas y requiere transparencia dentro del equipo y en toda la organización. Sin pleno conocimiento, la inspección resultaría difícil.

La inspección no solo beneficia al equipo de desarrollo, sino también al equipo de productos. Después de una inspección cuidadosa de lo que se ha producido hasta ahora, el equipo de producto puede decidir comenzar a implementar el proyecto en las manos de los consumidores y obtener comentarios útiles. La retroalimentación les permite hacer cambios para garantizar que lo que se produce sea correcto y que satisfaga las necesidades del mercado.

El aspecto principal de la inspección de Scrum es hacerlo de manera no crítica y sin juicios. La clave no está en descubrir de quién es la culpa, sino en descubrir qué se ha hecho hasta ahora, qué se puede hacer al respecto, qué puede aprender el equipo y cómo realizar mejoras en el futuro.

Adaptación

A menos que el equipo tenga todas las herramientas que necesitarán para realizar cambios en lo que han hecho, la inspección no tiene sentido en primer lugar. No es suficiente identificar y señalar problemas y errores correctamente, es necesario que haya una capacidad para realizar cambios. Scum tiene una política de "fallar rápido, fallar a menudo" que los equipos usan para abordar y descubrir problemas muy rápidamente. Le permite al equipo ver la increíble contribución que está haciendo y solo trabajar para mejorar eso.

Por lo tanto, a medida que el proyecto avanza, un equipo de Scrum aumenta su ritmo mientras que un equipo normal se desacelerará y perderá interés con el tiempo. La adaptación para el equipo, al igual que la inspección, significa que el equipo analiza su progreso hasta el momento e identifica los lugares que requieren mejoras como equipo y cómo lograr este éxito en el futuro.

Otra razón para la adaptación es el hecho de que muchos factores cambian durante el proceso de desarrollo. Podría surgir una crisis, nuevas prioridades, aumento o reducción del tamaño del personal, cambio de liderazgo, interrupciones del mercado y eventos mundiales que sacudirán el curso del proyecto. Un equipo tradicional tendría dificultades para reestructurar el trabajo ya planificado y adaptarse a las realidades en constante cambio. El equipo tendrá que renegociar presupuestos, cambiar solicitudes, realizar nuevos contratos y otras actividades que descarrilen el progreso. Sin embargo, los equipos que utilizan el marco Scrum pueden adaptarse a los cambios fácilmente y, por lo tanto, entregar productos valiosos relevantes.

Es fundamental tomar nota del hecho de que los tres pilares no solo son útiles para abordar los problemas, sino que también se utilizan para medir los éxitos y ayudar a los equipos a capitalizar sus puntos fuertes. Los pilares también ayudan a los equipos a identificar sus fortalezas y aprovechar su ventaja competitiva.

Un manifiesto ágil

El Manifiesto Agile es una declaración que enuncia cuatro valores clave y 12 principios que, según sus autores, los desarrolladores de software se beneficiarían de su uso en su trabajo.

Los cuatro valores

- Individuos e interacciones sobre procesos y herramientas

- Software de trabajo sobre documentación completa

- Colaboración del cliente en la negociación de contratos.

- Responde al cambio sobre el siguiente plan

Aunque hay mucho valor en los elementos de la derecha, hay mucho más valor en los elementos de la izquierda. Es desde un equipo capaz y competente que un desarrollador obtendrá las mejores herramientas y procesos. El software de trabajo y fácil de usar es mejor que una guía detallada. Un contrato no sustituye la comunicación con un consumidor para comprender sus necesidades y expectativas. Ajustarse al cambio que se produce con el tiempo es más importante que apegarse a un plan de proyecto, ya que el plan es simplemente un medio para un fin.

Los 12 principios ágiles

Para ayudar a las personas a comprender mejor el proceso de desarrollo de software ágil, los fundadores enumeraron doce principios. Incluyen:

1. Priorizar la satisfacción del cliente mediante la entrega de software de forma temprana y continua.

2. La medida principal del progreso es crear un software que funcione.

3. Practicar la simplicidad produciendo solo lo que es suficiente para que el trabajo actual maximice el ROI.

4. Entrega frecuente de software, que se facilita al trabajar en sprints.

5. Dar la bienvenida a los cambios y requisitos cambiantes a lo largo de la vida del proyecto.

6. Asegúrese de que el equipo esté motivado y tenga el entorno, el apoyo, la autonomía y la confianza adecuados para realizar el trabajo.

7. Participe en una conversación individual para todas las comunicaciones relacionadas con el proyecto, si es posible.

8. Asegurar la excelencia técnica y de diseño para promover la agilidad.

9. Emprender procesos ágiles para el desarrollo sostenible y para mantener un ritmo indefinido.

10. Reflexiones regulares para encontrar formas de ser más efectivas, y luego ajustar o ajustar el comportamiento en consecuencia. 11. Cultive la autonomía a través de la autoorganización porque este entorno fomenta las mejores habilidades, diseños y requisitos.

11. Los desarrolladores y propietarios de proyectos deben trabajar juntos todos los días.

3 Principios de platino

Principio de platino 1: Evade la formalidad en Agile Proyectos

Los equipos de proyectos Scrum que ven el mayor éxito son aquellos que adoptan la creatividad y la espontaneidad en sus procesos, en oposición a la formalidad. Elimine la formalidad en sus procesos eliminándola y eliminándola cuando sea posible. Esto se logrará si el equipo busca formas de hacer que sus actividades sean menos formales. Por ejemplo, en lugar de tener que esperar hasta el scrum diario para hacer algunas preguntas o discutir problemas que pueden resolverse fácilmente, es más fácil acercarse a un miembro del equipo y hacer la pregunta directamente.

En un proyecto Scrum, también es importante garantizar el libre y libre flujo de ideas y discusiones. Una forma de hacerlo es minimizar la documentación y evitar presentaciones formales.

Haga que la comunicación sea breve, precisa y honesta. Los beneficios de reducir la formalidad en un proyecto son que puede abarcar la simplicidad, destina más tiempo para trabajar y elimina los gastos y las complejidades.

Principio de platino 2: Actúa y piensa como uno, como un equipo

Los miembros del equipo trabajan para el beneficio de todo el equipo y, por lo tanto, deben trabajar para asegurar que el equipo en su conjunto sea productivo. Cada vez que se introducen métricas de rendimiento individuales en un equipo, la colaboración, la comunicación y el rendimiento disminuyen. En su lugar, los miembros del equipo deben tratar de trabajar en equipo a través de los fracasos y los éxitos. En un proyecto Scrum, la responsabilidad de trabajar hacia la meta del proyecto, definir el alcance y cumplir con el tiempo asignado debe ser responsabilidad de todo el grupo, no de los individuos.

Principio de platino 3: visualización sobre escritura

La visualización funciona mejor que la escritura para estimular el pensamiento y la memoria. Esto se debe a que la retención mejora cuando visualizas en comparación con cuando escribes. Los equipos exitosos usan dibujos, diagramas y herramientas de modelado para ayudar a sus miembros a conceptualizar el proyecto. El objetivo es hacer que el material sea lo más visualmente posible.

La visualización facilita el procesamiento de datos sin procesar en información. La simple lectura de informes sobre el progreso de un sprint es ineficaz y es poco probable que demuestre el progreso en su totalidad. Sin embargo, agregar la visualización como un gráfico de quema aumenta la capacidad de retener información y le permite al equipo medir el proyecto contra tendencias y líneas de tiempo. También es más fácil identificar las áreas problemáticas de un vistazo que tener que leer sobre ellas.

Los 5 valores de Scrum

Los valores de Scrum son los valores sobre los cuales se formula el marco de Scrum. Estos valores se relacionan con la ética, lo que hace que el scrum desde una perspectiva social, un sistema de valores. Los valores son compromiso, enfoque, apertura, respeto y coraje.

Valor

El valor se muestra de las siguientes maneras en los proyectos scrum:

- No producir productos que nadie quiere.

- Transparencia al compartir toda la información.

- Compartir beneficios y riesgos.

- Admitir que los requisitos no pueden ser perfectos y que ningún plan puede capturar adecuadamente las complejidades y la realidad

- No entrega software incompleto

- Cambio de dirección

- Admitir que nadie es perfecto.

- Defendiendo y mostrand soporte para los valores de Scrum

- Dejar ir las confidencias del pasado y abrazar el cambio.

El respeto

El respeto se demuestra por:

- Defendiendo la diversidad

- Respeto a las diferentes opiniones.

- No crear características que nadie puede usar

- No malgastar dinero y otros recursos en cosas poco prácticas que nunca se pueden usar o implementar.

- Respetando el marco Scrum

- Solucionar los problemas de los usuarios.

- Incluir a otros en el proceso de creación y desarrollo.

- Mostrar la rendición de cuentas a los roles en el proceso Scrum

Compromiso

Esta palabra está muy mal interpretada en el contexto de Scrum. Se origina a partir de la expectativa tradicional de los equipos de Scrum para comprometerse con los objetivos establecidos y para atender los elementos del Backlog. Esto se tradujo erróneamente a la expectativa de que todo lo que se encuentre dentro del alcance debe entregarse en cualquier momento.

Por lo tanto, el compromiso se convirtió en un contrato en lugar de una expectativa de que el equipo pondría el máximo esfuerzo en el proyecto y abarcaría la transparencia en el progreso. En realidad, la imprevisibilidad, la complejidad y la creatividad del mundo del desarrollo de software hacen que el cumplimiento del alcance sea algo imposible.

Sin embargo, cuando los miembros del equipo se comprometen, se comprometen con el equipo, la calidad, la colaboración, el aprendizaje, los objetivos del sprint, la organización, la excelencia y hacer lo mejor que puedan. También se comprometen a crear un software que funcione, mejorarlo constantemente, adherirse al marco Scrum, valorar, finalizar el trabajo, inspeccionar y adaptar. Desafiar el statu quo, la transparencia y la definición de hecho también son compromisos críticos en las implementaciones de proyectos Scrum.

Franqueza

El empirismo scrum requiere apertura, también llamada transparencia.

Ayuda al equipo a inspeccionar los hechos tal como están para que se puedan desarrollar las soluciones adecuadas. Se recomienda la apertura en los proyectos Scrum, particularmente en lo que respecta a:

- El trabajo, el progreso realizado, los problemas encontrados y las lecciones aprendidas.

- Cambio debido a lo inesperado e impredecible del mundo.

- Compartir comentarios y aprender de ello.

- Personas y trabajar con ellos (requiere reconocer que las personas son personas y no robots o maquinaria)

- Colaboración con personas de otras disciplinas y con otras habilidades.

- Colaboración con grupos de interés y el público en general

Atención

El enfoque es prestar atención a los aspectos más importantes sin ser molestado por los eventos, incluso cuando pueden ser importantes. Es importante centrarse en lo que está claro ahora en lugar de otros cambios y adaptaciones que pueden o no suceder en el futuro. El ahora es importante porque resuelve los problemas que los consumidores están experimentando en este momento. El futuro es muy incierto, y las mejores lecciones para el futuro se aprenden mejor de los temas de hoy.

Esto concluye nuestro alto nivel, a la vista de las aves, del proceso de scrum junto con los valores que rigen y el proceso que lo impulsa.

Como se mencionó anteriormente, todo esto se explora con gran detalle en los dos libros anteriores de esta serie, con este capítulo simplemente como un repaso.

Ahora, veamos específicamente los procesos scrum dentro del espacio de desarrollo de software.

Capítulo 2

Desarrollo de Software Scrum
- Un ajuste natural

———————◆———————

La naturaleza creativa del proceso de desarrollo de software hace que Scrum sea un ajuste natural. Scrum no proporciona instrucciones a seguir, sino que solo proporciona una plataforma para que los desarrolladores vean todo con claridad, antes de que actúen ellos mismos. En su naturaleza empírica, Scrum se adapta perfectamente a este entorno porque su marco nutre la excelencia y la creatividad.

Los métodos tradicionales de desarrollo de software y gestión de proyectos se basaban en la capacidad de prever el futuro con precisión. Son lineales y se basan en una secuencia de eventos. Sin embargo, los desarrollos tecnológicos y las necesidades de los consumidores han superado durante mucho tiempo este marco rígido.

Los proyectos del pasado retomaron el sistema de gestión de cascada. La gestión de proyectos en cascada es un sistema que permite que un conjunto de requisitos madure progresivamente en etapas en las que un elemento debe completarse antes de asumir otro. Este sistema requiere un diseño previo de todos los pasos y requisitos de un proyecto antes de comenzar y completar todo el trabajo de desarrollo antes de realizar pruebas exhaustivas.

Scrum realiza un ciclo de estas fases repetidamente a lo largo de la vida del proyecto, creando un proceso iterativo compuesto de etapas como diseño, desarrollo, análisis, incorporación y retroalimentación. Estas etapas se aplican para cada sprint, día y lanzamiento.

Últimamente, a medida que los proyectos han aumentado en complejidad, la Las limitaciones del sistema de cascada se han vuelto aún más claras. Hubo largos retrasos y numerosas fases incluso antes de que comenzara la codificación. El desempeño en las primeras etapas del proyecto no se pudo usar para predecir el desempeño en las últimas etapas porque las tareas en cada fase se excluyeron mutuamente.

La prueba de código se realizó cuando el proyecto llegó a su fin, en el momento en que el equipo tenía la menor cantidad de energía, tiempo y dinero disponible. Los clientes tampoco pudieron interactuar con el producto hasta que fue demasiado tarde para integrar sus comentarios e ideas en el producto. Además, los proyectos se retrasaron constantemente o nunca se completaron y se quedaron cortos.

Scrum surgió en un esfuerzo frenético por encontrar una solución y una mejor manera de crear software. Sin embargo, su uso no solo se limita al proceso de creación de software, sino que su marco es aplicable incluso en proyectos en los que puede resumir el trabajo y priorizar las tareas entre sí. Como puede ver, Scrum acepta el cambio mejor que las metodologías tradicionales.

Abrazando el cambio

Principalmente, Scrum se basa en los principios de transparencia, inspección continua y adaptación a los cambios en el entorno. Esto ha creado una metodología que se adapta a un cambio en un entorno todo incluido que garantiza la igualdad de oportunidades y la oportunidad para todos los miembros del equipo.

Curiosamente, Scrum tiene características similares a las de las actividades realizadas en su predecesora, la metodología de cascada, pero en lugar de ejecutar los cambios en fases sucesivas, los cambios se condensan en sprints iterativos para crear una aplicación operativa. De esta manera, el proyecto se lleva a cabo de manera incremental, mejorando o agregando funcionalidades y características creadas en la planificación inicial o generadas por cambios.

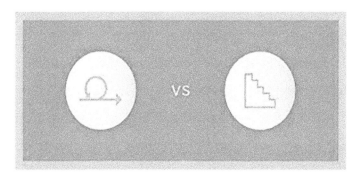

Imagen 2.1: La diferencia entre Scrum (izquierda)
y el método de cascada (derecha)

El sistema de desarrollo de software Scrum tiene en cuenta el panorama cambiante y la importancia de este cambio en el mercado. El cambio es un factor que no puede ser excluido o descontado. Por lo tanto, la mejor manera de lidiar con los cambios es asentir y acostumbrarse a ellos en consecuencia.

Este principio de aceptar cambios está integrado en el marco de Scrum, lo que significa que, de forma predeterminada, la inclusión de Scrum en el desarrollo de software hace que un equipo se adhiera a los cambios que se producen a su alrededor.

Scrum también personifica un valor en el Manifiesto Agile, que prioriza responder al cambio en lugar de seguir un plan definido sin importar qué. Un sistema adaptable y flexible facilita el proceso de cambios que pueden ocurrir durante el ciclo de desarrollo del software.

El factor más importante que permite que Scrum pueda abrirse al cambio es el hecho de que mantiene dos trabajos pendientes diferentes: el sprint y el producto atrasado. La acumulación de sprint es generalmente inflexible y requiere la finalización de las tareas en los 30 días asignados. Los pequeños problemas que se plantean durante el scrum diario pueden ser incorporados, por supuesto. Sin embargo, la cartera de pedidos del producto es flexible y permite realizar cambios continuos, ya sea a solicitud del cliente a través del propietario del producto o como respuesta a los cambios que se producen en el entorno.

El primer paso para abrazar el cambio es no tener un plan o metodología flexible; Comienza cambiando su forma de pensar y preparándose para cualquier alteración que pueda surgir en el futuro. El cambio es una fase ordinaria y normal del desarrollo. Por lo tanto, el enfoque de cualquier proyecto debería pasar de intentar evitar un cambio en el seguimiento de los cambios y la gestión de las expectativas. En lugar de rechazar las solicitudes de cambio, la respuesta correcta debería ser informar al cliente de las implicaciones del cambio, como los riesgos asociados, y el efecto que tendría el cambio en el cronograma del proyecto, el costo, la calidad y el alcance del proyecto. Con esta información, el cliente puede tomar una decisión educada.

La alineación del negocio

Ahora es evidente que el éxito no se logra solo con los equipos de Scrum, los beneficios completos solo se obtienen si la organización misma se basa en el software y las nuevas prácticas de producción. En estos días, mantenerse en el negocio se trata de proporcionar valor continuamente, y el valor solo se obtiene cuando se reestructura todo el negocio para alinearlo con la metodología Scrum.

Al escalar Scrum, una organización de entrega de software deberá alinearse en dos niveles diferentes. El primero es el proceso o nivel de producto. La alineación en este nivel ayuda a evitar la optimización de la entrega desde un solo equipo y, en su lugar, promueve la optimización local para los equipos de componentes, ya que se especializan en un área específica. Sin embargo, esta alineación de equipos puede no ofrecer el mejor valor para la organización y para los consumidores. El segundo tipo de alineación, la alineación a nivel técnico, es importante para abordar prácticas de ingeniería como la entrega continua y la integración continua, y en la implementación de la arquitectura de software.

La implementación de un modelo de Scrum en el negocio a menudo comienza con un equipo experimental y, si este equipo tiene éxito en el proceso de implementación, la organización desplegará toda la estructura basada en el equipo de Scrum. A pesar de la estructura de la organización, uno de los primeros signos que observa después de la implementación es que la comunicación general crece exponencialmente. Este crecimiento es particularmente evidente en las organizaciones que tienen a los equipos trabajando en una aplicación monolítica.

Aunque la necesidad de una comunicación adecuada entre los equipos es evidente, la inercia de la comunicación que se desarrolla después de esto es interesante incluso cuando los equipos están situados uno al lado del otro.

Un plan de implementación exitoso para el sistema Scrum exige una comprensión adecuada de lo que implica Scrum por parte del equipo y de todos los interesados. Incluso después de llevar a cabo la capacitación adecuada, aún podría ser difícil lograr el resultado deseado. Esta es la razón por la que toda la organización debe estar alineada con el modelo Scrum.

Scrum tiene solo tres roles para los miembros del equipo: Scrum Master, Product Owner y el equipo. Un equipo, a su vez, está formado por profesionales en diferentes campos, como el arquitecto técnico, los desarrolladores, el director del proyecto y el gerente de calidad, entre otros. Debido a estas variaciones, es esencial alinear al equipo con el modelo Scrum existente.

Esencialmente, es difícil determinar los recursos que los miembros del equipo necesitarán para cada función. El modelo Scrum solo establece los roles que desempeñan las partes interesadas en un proyecto, pero no dice nada acerca de los individuos específicos que deben asumir ciertos roles. Por lo tanto, al alinear el modelo con el equipo, debe buscar coincidir los roles entre los tres títulos de trabajo de manera efectiva.

Primero, los recursos deben estar alineados con el propietario del producto. Como el propietario de un producto divide los recursos y los asigna a medida que son necesarios, esta función es adecuada para una persona que puede mantenerse en contacto con el cliente y comunicar las necesidades del cliente rápidamente. Los patrocinadores de proyectos, los gerentes de productos, los analistas de negocios y los gerentes de proyectos son adecuados para este rol.

En segundo lugar, el rol de Scrum Master es crítico para el desarrollo del proyecto y la implementación del modelo Scrum. Scrum Master se encarga del proceso de implementación de Scrum y ayuda al equipo a adoptar el nuevo modelo. Facilitan el buen funcionamiento de la organización al eliminar cualquier impedimento para el progreso y proteger al equipo de interrupciones externas. Este rol es adecuado para un miembro del equipo, como un gerente de proyecto o un jefe de tecnología.

En tercer lugar, el equipo de control de calidad (QA) y el equipo de desarrollo son importantes, pero deben funcionar de manera mutuamente exclusiva para el éxito de la alineación. Si ambos equipos están en el mismo sprint, causarán problemas. La mayoría de los equipos terminan organizando sprints de control de calidad separados, lo que no les permite mezclarse con los sprints de desarrollo. Esto conduce a un ambiente antiguo pero beneficioso donde uno tiene que suceder antes de que comience el otro.

En general, no es difícil alinear el negocio global de desarrollo de software con el modelo Scrum; solo requiere que los recursos correctos se coloquen en manos capaces y que las estructuras dentro de la empresa se hagan sin problemas para permitir este cambio. Cada parte interesada tiene un papel que desempeñar, y los roles en conflicto se deben jugar por separado.

A continuación, veremos los primeros pasos que debe tomar al implementar scrum. Dado que scrum requiere un cambio tanto en la mentalidad como en los procesos, el siguiente capítulo lo ayudará a solucionar cualquier problema que surja de manera rutinaria.

Capítulo 3

Primeros pasos de implementación

———————•◆•———————

Si ha terminado con los métodos actuales de gestión de proyectos que está utilizando, o simplemente desea algún tipo de reorganización para darle vida a su organización mientras se mejora la funcionalidad, es hora de probar Scrum.

No necesitarás ninguna capacitación especial sobre cómo implementar Scrum porque puedes aprender todo por ti mismo. Conocer los conceptos básicos es fácil, pero dominar la técnica puede ser un poco difícil. Algunas personas comparan Scrum con el póker diciendo que aunque puedes aprenderlo en menos de 10 minutos, te puede llevar un tiempo sobresalir.

Sin embargo, no dejes que eso te detenga porque aún no necesitas ser un maestro, la mayoría de las cosas se aprenden lentamente y te sentirás orgulloso de ti mismo cuando lo hagas. Dicho esto, aquí hay algunos pasos preliminares que puede tomar para prepararse para la implementación de Scrum en su lugar de trabajo.

Comenzando un proyecto Scrum

Cuando comience a implementar Scrum en su proyecto, asegúrese de haber hecho lo siguiente:

Considera la necesidad de usar Scrum en tu proyecto: primero, debes entender Scrum y cómo se usa antes de determinar su idoneidad para tu proyecto. Como se detalla en los libros anteriores de esta serie, Scrum es un marco ligero que se utiliza para administrar el proceso de desarrollo de software. Las empresas lo utilizan para aumentar su competitividad en el mercado, tienen un sistema incremental para desarrollar lo que se necesita, para garantizar la transparencia a las partes interesadas y para mejorar la calidad del producto mediante la prueba del progreso realizado después de cada carrera.

Scrum también es adecuado para empresas que desean reconocer sus riesgos a tiempo e implementar un proceso sistemático de gestión de riesgos y como un sistema para facilitar la adopción de cambios. Scrum hace que el ambiente de trabajo sea divertido, ayuda a mantener bajos los costos, promueve la satisfacción del cliente a través de una colaboración efectiva y facilita el trabajo en sistemas de desarrollo largos y complejos.

Una vez que esté convencido de que su proyecto estará mejor cuando utilice Scrum, ahora es el momento de informar y convencer a las partes interesadas del mismo.

Busque la aprobación y el apoyo de los interesados: Tendrá que identificar a las partes interesadas por adelantado. Una parte interesada es cualquier persona que tenga un interés en el producto pero que no sea parte del equipo. Son las personas que ofrecen asistencia en el desarrollo, descubrimiento, soporte, lanzamiento y promoción del producto. Incluyen los patrocinadores del proyecto, reguladores, colegas que trabajan directamente con clientes, finanzas, gerentes de proyecto, alta gerencia, ingenieros de producto, ingenieros de sistemas, ingeniería de pruebas, proveedores, contratos, ingenieros de sistemas y otras personas de diversas secciones de la organización que son clave. Tomadores de decisiones para los proyectos en la organización. Acérquese a este grupo y explique cómo se beneficiará el proyecto si implementa el sistema Scrum.

Tómese el tiempo para capacitar a las partes interesadas en el proceso de implementación de Scrum y explique claramente los beneficios potenciales que se obtendrían si el sistema se implementara. Para que esto quede claro, las partes interesadas clave deben incluirse en casi todas las demostraciones, revisiones de Sprint para que puedan expresar sus opiniones, hacer reservas y buscar aclaraciones. Su retroalimentación es bastante importante.

Se debe alentar a cada parte interesada a que sea un participante activo en el proceso de implementación y no un obstáculo en el que se convertirá inadvertidamente, si no se involucra correctamente.

Defina los posibles riesgos y su importancia: tome nota de los eventos inciertos que podrían disuadir su progreso y evitará que realice su propósito. En Scrum, el equipo y las partes interesadas son instrumentales en la identificación de los riesgos que podrían afectar un proyecto, Sprint, el proceso de implementación y el proceso de desarrollo del programa.

Capacite a toda su gente sobre cómo usar Scrum: si bien puede haber sido fácil para usted aprender a usar Scrum por su cuenta, otras personas de la organización pueden necesitar un poco de ayuda. Estas personas están preocupadas por otros elementos en sus listas de descripción de trabajo y posiblemente considerarán el aprendizaje de Scrum como una tarea difícil. Dejar que aprendan por sí mismos también aumenta la posibilidad de experimentar resistencia por parte de ellos.

Por lo tanto, una introducción y una guía sobre cómo funciona Scrum contribuirá en gran medida a despertar sus intereses en el nuevo programa. Además, el cambio siempre enfrenta una resistencia considerable, y demostrar con el ejemplo que el cambio es positivo convencerá a un número para que tenga una actitud positiva hacia él.

El mejor enfoque a tomar para la capacitación es institucionalizarlo para que todos en la organización participen activamente en lo que está sucediendo. Incluya la alta gerencia, finanzas, seguridad, control de calidad, gerentes de programas y todos los otros títulos de trabajo en las sesiones de capacitación. Demuestre el uso de Scrum con la mayor cantidad de detalles posible, utilizando palabras simplistas para mejorar su comprensión. Muestra cómo cada actividad de la organización se beneficia de la implementación de Scrum. Esto creará interés porque cada persona buscará formas en que Scrum pueda hacer su trabajo más fácil.

Planifique las instalaciones: ya sabe que Scrum convoca reuniones diarias y, de forma predeterminada, debe reservar suficiente espacio donde se reunirá el equipo. Este espacio debe ser uno que pueda admitir el desarrollo de software, con el hardware, software, ayudas visuales, tableros, cuadros, asientos y otras utilidades que pueda necesitar. Además, asegúrese de que el espacio admita pruebas de software, integración y simulación.

Produzca el primer backlog del producto: una vez que haya completado la capacitación y haya configurado el equipo adecuado, ahora está listo para probar el primer proyecto y, por lo tanto, crear el backlog inicial del producto. Cuando cree este atraso, asegúrese de tener en cuenta todas las necesidades y preferencias del cliente o del usuario. Además, cree un alcance definido para el proyecto porque los elementos en la cartera de pedidos son un reflejo del alcance del proyecto.

No es necesario que hagas una lista de todos los recursos que se necesitarán porque Scrum te lleva en un viaje de descubrimiento. Además, el equipo que trabajará en los elementos del trabajo pendiente se encargará de eso, en colaboración con los principales interesados.

La acumulación de productos también es importante porque se convierte en la hoja de ruta del proyecto.

Escriba el Guión gráfico del proyecto: El guión gráfico del proyecto es un informe detallado del enfoque que tomará el proyecto. En el desarrollo de software, el guión gráfico es un plan detallado del desarrollo de software. En este plan, incluya la visión del proyecto, los objetivos de desempeño, los productos entregables, las actividades del proyecto, la estrategia de lanzamiento, las perspectivas retrospectivas, la estrategia de sprint, las demostraciones, los Scrums diarios, las métricas, los posibles riesgos y las medidas de mitigación a tomar. Los detalles del guión gráfico deben llegar en consulta con el cliente y las partes interesadas clave.

Tome nota del personal con el conjunto de habilidades requeridas:

Al lanzar el modelo Scrum, asegúrese de obtener lo mejor del mejor talento, ya que el éxito que experimente en este primer intento determinará si su proyecto avanzará o no. El equipo elegido debe tener pleno conocimiento de todos los procesos de planificación de proyectos. Su aporte también es de un beneficio incalculable, especialmente en la planificación de lanzamientos de productos y otros procesos. El equipo también debe ser incluido en el proceso de definición y estimación del trabajo en el proyecto. Asegúrese de colaborar y negociar con la administración para poder retener algunos de los mejores talentos a lo largo del ciclo.

Ejecutar: una vez que se completa el proceso de planificación y se establecen los recursos, es hora de ponerse en marcha. Analizar la situación demasiado paraliza el progreso y una vez que todo se ha determinado, no hay razón para retrasar la implementación en sí. Los detalles de los 2 o 3 sprints superiores deben ser tan detallados que se pueden hacer en un solo sprint. La hoja de ruta del producto se convierte en una guía que determina el orden de las actividades y para verificar qué se ha completado y qué queda por hacer.

Funciones de Scrum

Hay varios roles que deben cumplirse en el equipo de Scrum, cada uno de los cuales tiene responsabilidades y deberes específicos. Incluyen:

1. El propietario del producto Scrum

El rol del propietario del producto está en el corazón del marco de Scrum. El propietario de un producto es un hacedor y un visionario que allana el camino para el producto que satisface las necesidades del mercado. El propietario del producto es plenamente consciente del proceso de desarrollo y del cliente. Ellos colaboran con ambas partes y los ayudan a tomar decisiones precisas que dan vida al producto. Las cualidades específicas del propietario de un producto son:

Visionario

El propietario del producto tiene la capacidad de visualizar el producto final y comunicar esta visión al equipo y al cliente. Él o ella también tiene la responsabilidad de ver hasta la finalización del proyecto. Estas responsabilidades requieren la captura de requisitos, ideas y el trabajo conjunto con el equipo. Esto exige pasar una cantidad considerable de tiempo con los clientes y comprender bien sus necesidades y expectativas. Después de esto, el propietario del producto visualiza una solución elegante y simple para resolver todas estas necesidades. Él o ella también recibe y analiza los comentarios recibidos de los usuarios y las partes interesadas. Por lo tanto, el propietario del producto debe seguir de cerca el proyecto, hacer un seguimiento del progreso realizado hasta el momento y calcular el progreso esperado.

Una cosa que el propietario del producto necesita dominar es la capacidad de aceptar el cambio y de manejarlo con gracia. El marco de Scrum está creado para ayudar a los usuarios a aceptar el cambio con mayor facilidad. Como él o ella está en contacto con el cliente, pueden hablar o llamar al cliente sobre sus necesidades. A veces, estas solicitudes serán incesantes y molestas, pero es el deber del propietario del producto explicar el cambio al cliente de una manera amigable. Luego, deben encontrar una solución simple pero elegante que resuelva todas las necesidades de los clientes. Los cambios no solo provienen de los clientes, sino que el mercado y otras fuerzas también generan cambios y el propietario del producto debe encontrar formas de lidiar con ellos.

Negociador y comunicador

La descripción del trabajo del propietario de un producto requiere que desarrollen habilidades efectivas de comunicación y negociación. Deben comunicarse con diferentes entidades, como los usuarios, comercializadores, administración, ingeniería, desarrollo, ventas y operaciones, y alinearlos hacia el objetivo común. Se convierten en la voz del cliente. Este rol requiere un "no" ocasional y un compromiso cuando el cambio sugerido podría poner en peligro el flujo del proyecto de una manera irreparable.

Calificado y Disponible

El propietario de un producto debe estar calificado y disponible para realizar el trabajo. El trabajo del propietario de un producto es a tiempo completo y, por lo tanto, requieren el tiempo adecuado para llevar a cabo sus funciones sin distracciones. Si la persona está sobrecargada de realizar otras funciones además del proyecto, el progreso y la calidad del proyecto en cuestión sufrirán. La calificación para este rol simplemente significa que la persona tiene pleno conocimiento y es capaz de entender el mercado, los clientes y el equipo. Él o ella también deben sentir pasión por brindar la experiencia de usuario adecuada, poder administrar un presupuesto de manera efectiva, trabajar cómodamente con un equipo transversal autoorganizado y tener la capacidad de guiar al equipo a través de los pasos de desarrollo del proyecto.

Decisivo

El propietario del producto es considerado y confiable para tomar decisiones en tiempos de incertidumbre, ambigüedad y cuando se trata de incógnitas. Él o ella deben sentirse cómodos con probar cosas nuevas y tomar riesgos informados. También es importante que tengan razón la mayor parte del tiempo para garantizar la confianza del equipo y del cliente. Los mejores propietarios de productos tienen instintos notables que abordan las sensibilidades de sus clientes objetivo y cuando se enfrentan a decisiones críticas, son capaces de elegir los correctos, especialmente aquellos que tienen que ver con precios, diseño y posicionamiento.

El propietario de un producto solo hará estas cosas de manera efectiva si está habilitado, con la autoridad de tomar decisiones por sí solo. A su vez, el individuo tiene que demostrar que está calificado y comprometido a ganarse esa confianza.

Dinámico

Además de generar buenas ideas, el propietario del producto debe poder ver las ideas y sus visiones hasta el final.

Educado

El propietario de un producto debe ser educado en las formas del negocio y poseer las habilidades necesarias para hacer el trabajo correctamente. Sería imposible que el propietario de un producto genere ideas y alternativas para ayudar a abordar el interés del cliente sin tener una idea de cómo funciona el sistema. Esta comprensión también es esencial para interpretar y analizar la retroalimentación. Además, como persona que trabaja directamente con el equipo de desarrollo, es necesario que el propietario tenga un claro entendimiento del proceso de desarrollo y tenga una pasión por trabajar para crear la experiencia más amigable para los usuarios.

2. El Scrum Master

El deber principal de Scrum Master es garantizar que todos los miembros del equipo se mantengan enfocados en sus tareas y no tengan obstáculos. El rol de Scrum Master es entre ser un líder de equipo y un rol de administración, lo que dificulta la definición de sus rasgos o cualidades. A esto se agrega el hecho de que Scrum Master se elige entre los empleados y puede llevar un tiempo desarrollar las cualidades necesarias para cumplir ese rol.

En ese sentido, aquí hay algunas características que debe tener el Scrum Master correcto:

Un líder servidor: Scrum Master no recibe el mando del equipo para que les ordene qué hacer. En su lugar, están destinados a brindar apoyo a los miembros del equipo ayudándolos a reconocer y resolver los impedimentos. No es fácil para un empleado hacer la transición a Scrum Master, pero un líder nato tendrá el impulso natural de ayudar, habilitar y animar a otros, lo cual es una de las necesidades críticas de un equipo.

Conocimiento de los productos, el mercado y el dominio: cuanto más conocen Scrum Masters sus procesos de producción, mercados y productos, es más fácil para ellos tomar nota de los problemas más pequeños que surgen en el equipo. Y para resolverlos desde el principio.

Por ejemplo, Scrum Master podrá ofrecer un plan de desarrollo alternativo si el actual está fallando.

Se relaciona bien con el equipo y puede influir en ellos:
Scrum Master se extrae directamente del equipo y puede asumir el rol de líder de equipo con mucha facilidad, pero se enfrenta a desafíos que asumen responsabilidades de gestión. Sin embargo, Scrum Master debe tener la capacidad natural de exigir el respeto de los demás miembros del equipo para influir en ellos para que tomen acciones específicas.

Persigue sin descanso la excelencia: el éxito en el rol de Scrum Master consiste principalmente en hacer que el equipo mejore la manera en que lleva a cabo sus actividades. El mejor enfoque es a través de un análisis reflexivo de los procedimientos y procesos del equipo antes de optimizar y racionalizar.

Muchos empleados se enfocan en la tarea actual, y el rol de Scrum Master es pedirles que den un paso atrás y ayuden con la revisión, tomando nota y mencionando todo lo que puedan haber encontrado durante el año.

Toma nota y actúa en conflicto de equipo: un buen Scrum El Maestro es capaz de reconocer el conflicto de equipo en sus primeras etapas, está equipado con estrategias adecuadas para abordar el conflicto y emplea estrategias para prevenir conflictos futuros.

Ocasionalmente permite que el equipo falle: un Scrum capaz El Maestro sabe que no debe permitir que su equipo falle, sin embargo, hay momentos en que el Maestro Scrum no puede evitarlo y permite que el equipo falle y aprenda. Las lecciones que el equipo aprenderá de los errores, a veces, son mejores que la motivación que el equipo obtiene de los éxitos y los buenos consejos.

No le importa ser disruptivo: un Scrum Master sabe que algunos cambios requieren una interrupción. Comprenden cuándo es necesario ser disruptivo en la medida en que causen cambios sin causar daños.

Sabe cómo desarrollar un equipo: Un Scrum Master comprende las fases que atraviesa un equipo, las cuales son atacar, formar, realizar, normar y suspender. Si Scrum Master es capaz de monitorear la progresión de un equipo, ellos podrán mantener la estabilidad del equipo.

Principios sobre prácticas: las prácticas Scrum solo son viables si están respaldadas por principios ágiles. De lo contrario, los planes y prácticas se convierten en una cáscara vacía. Un Scrum Master debe entender que los principios ágiles están en la raíz de las prácticas exitosas y que su equipo debe adherirse a ellos religiosamente.

Fomenta la auto-propiedad: un Scrum Master capaz alienta al equipo a aceptar la auto-propiedad de los proyectos, el entorno y el muro de tareas.

Observador: Un Scrum Master vigila las actividades diarias del equipo. Aunque no desempeña un papel activo en todas las actividades que se llevan a cabo, observan todas las sesiones y toman nota de lo que se discute en los Scrums diarios. También monitorean el papel que todos juegan en el stand-up.

Liderar con el ejemplo: un equipo se apresurará a aprender si se encuentra con un Scrum Master que los inspira y les permite liberar sus habilidades y potencial, mientras sigue modelando el comportamiento deseable. En una situación difícil, el Scrum Master los guiará, mostrándoles cómo actuar, con calma y sin pánico. El objetivo principal es encontrar una solución al problema y no buscar a alguien a quien culpar.

Un habilitador: habilitar es una segunda naturaleza de cualquier buen Scrum Master. El Scrum diario y otras reuniones se vuelven divertidas de asistir porque el equipo tiene la seguridad de un pensamiento progresivo e ideas que estarán bien preparadas y serán útiles. Al final, las reuniones se convierten en una fuente de estímulo y estímulo mental.

Evita los impedimentos: un buen Scrum Master no solo trabajará para resolver los problemas actuales, sino que también evitará el surgimiento de otros en el futuro. Con la experiencia acumulada a lo largo de los años, deberían poder leer la situación y predecir el resultado, lo que les brinda la oportunidad de evitar los problemas incluso antes de que aparezcan.

Capaz de relacionarse bien con el propietario del producto: un scrum master trabaja en asociación con el propietario del producto, lo que hace necesario que tengan una relación excepcional. Aunque tienen responsabilidades diferentes donde el Propietario del producto incita y provoca al equipo a una producción agresiva y creativa, Scrum Master desempeña el papel de proteger al equipo del agotamiento y la fatiga.

Cuando cada uno desempeñe su papel, el equipo tendrá el reto de sobresalir en sus actividades y, al mismo tiempo, estará protegido del agotamiento y el agotamiento.

Sus experiencias son abiertas: Scrum Masters se apresura a compartir la experiencia que han tenido con otras personas en la organización y en foros de conferencias y seminarios. Estos eventos presentan una excelente oportunidad para educar y guiar a otros, mientras aprenden de ellos. Escribir ideas también ayuda.

3. el equipo

El equipo está formado por desarrolladores profesionales cuya única responsabilidad es convertir los elementos de acción enumerados en el Product Backlog en piezas funcionales del producto final. El tamaño del equipo de 5 a 9 personas es para que sea manejable y para asegurar que reúna todas las habilidades necesarias por proyecto.

Las responsabilidades del equipo Scrum incluyen:
- El Equipo Scrum es responsable de todas las actividades realizadas hacia el logro de los objetivos del sprint.

- El Equipo Scrum tiene el deber de mantenerse organizado; Este no es el trabajo del Scrum Master.

- Una vez que el Equipo se compromete a proporcionar ciertos resultados, tiene la responsabilidad de cumplir su promesa, asegurándose de proporcionar resultados de calidad en el tiempo acordado.

- El Equipo se pone en contacto con el Scrum Master para decidir el orden de prioridad de los elementos enumerados en la cartera de productos al crear una cartera de sprint.

- Los miembros del Equipo tienen la obligación de asistir a todas las reuniones relacionadas con el proyecto de cualquier naturaleza y de garantizar que las agendas de las reuniones se aborden de manera adecuada.

- El equipo debe permanecer ágil en sus estaciones de trabajo y tiene que asistir a las paradas y a cualquier otro evento cuando se le solicite.

4. Las partes interesadas

Las metodologías tradicionales utilizadas en la gestión de proyectos consideran a las partes interesadas como todas las partes afectadas por el proyecto. En Scrum, sin embargo, solo se reconocen tres roles; la de Scrum Master, el propietario del producto y el equipo de desarrollo. Otras partes interesadas, como los patrocinadores del proyecto y los usuarios finales, tienen su voz en el proyecto a través del propietario del producto.

Entre las partes interesadas, Scrum específicamente pone énfasis en el rol del usuario final. Esto se debe a que, para proyectos ágiles, el equipo debe garantizar que cada paso que realicen tenga beneficios y valor para el usuario final. Esto hace que el propietario del producto involucre al usuario final en casi todos los pasos para que el usuario pueda validar las reclamaciones hechas por el equipo de desarrollo. El objetivo principal en un proyecto ágil es maximizar la satisfacción del cliente.

Por lo tanto, en Scrum, los roles de las partes interesadas incluyen:

- Mantener una relación sana con el propietario del producto para conocer todos los detalles sobre el proyecto en curso.

- Comunicar sus inquietudes y deseos al propietario del producto, especialmente con respecto a la duración y calidad del proyecto.

- Sea una fuente de información regular respondiendo las preguntas que le haga el propietario del producto.

- Ayude al propietario del producto a priorizar efectivamente algunas tareas para asegurar que el proyecto continúe sin problemas.

- Tomar y proporcionar continuamente actualizaciones sobre cualquier cambio necesario en los planes.

- Proporcionar información, inspiración y motivación en el proceso de desarrollo del proyecto.

Otros roles que los grupos de interés desempeñan difieren de un proyecto o de una organización a la siguiente.

Estructurando la vision

Una visión es un esbozo detallado de la solución que se logrará en el futuro. La solución se desarrolla en función de las necesidades de los interesados, los clientes y las capacidades de quienes están destinados a proporcionarla. Dado que el propietario del producto es responsable del éxito del proyecto, en este caso, el software, él o ella es responsable de idear y desarrollar la visión del producto.

Una visión clara inspira y motiva al equipo, a los consumidores y a las partes interesadas. También actúa como una guía que dirige a las personas hacia el destino deseado. Además, la visión permite al propietario del producto tomar decisiones acertadas al decidir la dirección que debe tomar el equipo en la producción. Estructurar una visión con la intención de producir un producto digno consume mucha energía y tiempo. Sin embargo, la claridad y la calidad de la visión producida a partir de entonces vale la pena. A continuación hay una serie de pasos que puede tomar para lograr una visión efectiva del producto.

1. Descifra la inspiración que te impulsa a crear el producto.

Tener una idea revolucionaria que introduzca un nuevo producto en el mercado es recomendable, pero esto no es suficiente. Necesitas tener una visión que habla a todos los involucrados. La visión se convierte en el objetivo principal que el equipo apuntará y el principal impulsor hacia la creación del producto. Proporciona las razones para la coherencia en la búsqueda del propósito, incluso cuando las cosas cambian en el mundo inestable. En esencia, se convierte en el verdadero norte (o compás) del producto.

Para llegar a la visión correcta, comience preguntándose:

"¿Cuál es el principal impulsor que me da interés en trabajar en este producto? ¿Por qué me importa eso? ¿Qué cambio positivo traerá el producto a los problemas existentes? ¿De qué manera la solución que pretendo daría forma al futuro? "Es probable que preguntas como estas le hagan pensar más profundamente acerca de la visión del proyecto.

2. Crear una separación entre la estrategia del producto y la visión.

La visión del producto y la estrategia del producto son dos entidades separadas. La visión no debe indicar los planes que ha hecho para alcanzar la meta. Esta separación permite un cambio en la estrategia, lo que sucede mucho en Scrum mientras se mantiene su visión.

Además, la visión es un requisito previo que le permite idear la estrategia correcta. Si no tiene un objetivo definido en mente, es difícil saber cuál es la mejor manera de llegar allí. Una herramienta útil que le ayudaría a usted y su equipo a distinguir claramente entre los dos es una Junta de Visión de Producto. La fila indica la visión, mientras que las columnas a continuación indican las estrategias que deben adoptarse para realizar esta visión como se puede ver en la imagen a continuación.

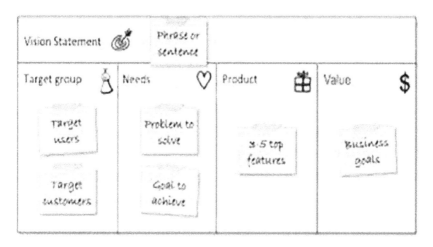

Imagen 3.1: El formato de una placa de visión del producto 3. Elija una visión compartida

Por tu cuenta, eres capaz de crear las visiones más inspiradoras para el producto. Sin embargo, eso es irrelevante si las personas involucradas en el desarrollo del producto, The Team, no aceptan la idea. En verdad, aprovechar una visión que puede actuar como el verdadero norte para el proceso de desarrollo del producto y facilitar la cooperación exige que la visión sea compartida. Todas las partes de la organización deben conocer y aceptar la visión. Cuando la visión no se comparte, es probable que las personas sigan sus propios objetivos, lo que dificulta el éxito.

Una de las mejores maneras de llegar a una visión compartida es a través de un taller de visión colaborativa. En lugar de tener una visión y luego tratar de vendérsela a la gente, es más fácil y más eficaz colaborar y hacerlo juntos. Durante el taller, envíe la idea del producto y solicite a los asistentes que visualicen el uso del producto. A medida que surjan diferentes visiones, escríbalas y busque el tema común.

Combine estos objetivos en un nuevo objetivo simple que todos los miembros estén de acuerdo. Esto también se puede hacer para proyectos y productos existentes.

3. Ir más allá de los límites del producto.

Hay una clara diferencia entre un producto y una visión del producto. La visión es el impulso y la fuerza motivadora detrás del desarrollo de este producto, mientras que el producto es una representación del logro de este objetivo. Una visión ideal del producto debería centrarse más allá del propio producto y capturar, en cambio, el cambio que el producto busca ofrecer.

4. La visión debe inspirar.

Steve Jobs dijo que si estás trabajando en algo en lo que crees y en lo que te preocupas, no tendrás que ser presionado para hacerlo, la visión te empujará. Si examinas tu propia vida más de cerca, encontrarás que esto es cierto. Es más probable que la visión y el sueño lo motiven y lo empuje que las leyes y las reglas en el momento de la llegada. Por lo tanto, al buscar estructurar la visión, asegúrese de que los motive e inspire.

Una visión que se centra en crear soluciones para otros a menudo crea una motivación e inspiración mejores y duraderas. Encontrará que se relaciona mejor con él, especialmente en tiempos de duda, mejor que uno que se centre en sus propias necesidades. Aunque el dinero es un buen conductor, las personas son empujadas a tener más éxito porque encuentran significado y se benefician de lo que están haciendo que porque les gana algo.

Evite establecer los objetivos de la empresa como una visión del producto y, en su lugar, capte los objetivos cuando cree la estrategia del producto. Si no está seguro, indique los cambios beneficiosos que su empresa y otras personas pueden esperar de lo que está produciendo, sin tener que entrar en detalles sobre esos beneficios. De lo contrario, su visión no será una fuente de motivación, elevación y unidad.

5. ir grande

Las mejores visiones son tan ambiciosas y amplias que las personas comienzan a imaginar grandes cambios. Incluso influye en la creatividad a la hora de idear la estrategia del producto. La ventaja de esto es que el equipo puede idear diferentes estrategias y formas de llegar al destino deseado, y si una estrategia falla, el equipo puede idear otra mientras permanece enraizado en la visión.

6. Preciso y dulce

Dado que la visión del producto es la razón definitiva para crear el producto, debe comunicar fácilmente la dirección que está tomando el producto y ser fácil de entender. El equipo y otras partes interesadas deberían encontrarlo fácil de memorizar y recitar. Puede tomar varios intentos, pero eventualmente, llegarás a una visión como esta.

7. Hacer de la Visión el punto de referencia para todas las decisiones.

La visión debe guiar todas las decisiones y hacer que todos en la organización se centren continuamente en las verdaderas razones para desarrollar el producto deseado. Aunque por sí sola, la visión no es adecuada, se convierte en el filtro inicial para todas las nuevas ideas y solicitudes de cambios para que se puedan tomar en cuenta todos los cambios útiles. Todo lo que no lo haga, se descarta.

Ahora que ha sentado las bases para implementar scrum en su organización, analicemos en profundidad la siguiente etapa del proceso. Planificación de proyectos.

Capítulo 4

Planificación de proyectos

———•◆•———

La planificación de proyectos no es una actividad de arriba hacia abajo. No se trata de que el propietario del producto o el Scrum Master entreguen responsabilidades o supervisen el trabajo después de elaborar el plan de desarrollo por su cuenta. Más bien, todo el equipo hace la planificación del proyecto. Por ejemplo, la sección del equipo que está manejando una tarea en particular es la que proporciona una estimación de cuánto tiempo tomará completarla. También determina las características a ejecutar en cada sprint. Por lo tanto, la planificación de proyectos en Scrum es un ejercicio colaborativo.

A continuación hay una serie de Mejores Prácticas que deben tomarse en consideración durante el ejercicio. Esta lista no es exhaustiva. Las mejores prácticas serán mucho más claras para usted una vez que esté alineado con la visión de Scrum y sus beneficios. ¡Encontrarás que muchos de estos puntos se vuelven obvios una vez que comiences a pensar de la manera correcta!

Tratar correctamente la hoja de ruta del producto

Crear y mantener una hoja de ruta del producto es importante en el proceso de desarrollo de un producto. Sin embargo, muchos propietarios de productos consideran la hoja de ruta como un elemento simple que deben verificar en su lista antes de comenzar su proyecto. Sin embargo, sin una hoja de ruta, un proyecto solo se apresura hacia el desastre. Para comprender por qué esto es así, revisemos qué es una hoja de ruta y por qué es importante en el proceso de desarrollo del producto.

Una hoja de ruta del producto es un documento planificado de élite que describe las razones por las cuales se está desarrollando el producto. También se describe como un resumen visual que muestra la visión del producto y la estrategia que se adoptará a lo largo del tiempo.

La hoja de ruta es un componente importante del proceso de producción por varias razones. Permite a las partes interesadas llegar a un entendimiento de por qué y cómo priorizar ciertos aspectos del proceso de desarrollo del producto. Permite al gerente comprender y organizar mejor la visión estratégica del producto.

La hoja de ruta es una herramienta importante que ayuda a los gerentes de productos a comunicar su visión estratégica de manera más persuasiva y clara a todas las partes, incluidos los desarrolladores, los ejecutivos de la organización, los clientes y otras partes relevantes. Por último, la hoja de ruta se convierte en la guía importante en todo el proceso de desarrollo, y permite que todos los que manejan el producto se registren regularmente para garantizar que los productos que se crean siguen satisfaciendo las necesidades y el propósito al que estaban destinados.

Es claramente visible que la hoja de ruta del producto cumple una función invaluable en el proceso de desarrollo del producto. Como tal, es importante que sea tratado con tanta importancia y respeto, y no algo que sacar justo antes de las reuniones. En su lugar, trate la hoja de ruta del producto como una parte integral del proceso de desarrollo continuo, ya que lo compartirá, actualizará y hará referencia a él repetidamente durante todo el proceso, incluso después de lanzar el producto.

Algunas de las cosas que querrá evitar al crear o utilizar una hoja de ruta del producto incluyen:

1. Confundir la hoja de ruta para ser una lista de características Al igual que enumerar una serie de características no hace que un producto, tampoco crea una hoja de ruta. Por lo tanto, al crear uno, detente en temas y no en características. Un tema es una garantía de que resolverá el problema de un cliente. Requiere que realice una investigación exhaustiva para identificar los valores de negocios, los niveles de esfuerzo y la necesidad de urgencia en ciertas áreas de su plan para que pueda saber correctamente qué priorizar al crear la hoja de ruta. Los temas también son importantes porque cambian su atención por parte de la competencia y las necesidades individuales de los interesados para centrarse más en el valor que pretende aportar a sus clientes.

2.   Una hoja de ruta del producto no es un plan de lanzamiento La hoja de ruta del producto idealmente proporciona dirección para los próximos dos o tres años, mientras que un plan de lanzamiento se enfoca solo en los próximos dos o tres sprints.

2. Una hoja de ruta del producto no debe contener fechas

Dado que la hoja de ruta de un producto no se centra en las versiones, no debe contener fechas. Los cambios y las distracciones surgen cada vez, y el modelo Scrum alienta al equipo a tomar en cuenta todos los cambios en la fabricación del producto. Por lo tanto, si inserta fechas en la hoja de ruta y los plazos del proyecto cambian a medida que cambia las estrategias, las partes interesadas no estarán interesadas en la narrativa, considerarán el proyecto como un fracaso. Esto también es bastante perjudicial para la reputación de un equipo. Sin embargo, si no puede evitar las fechas, haga que el alcance sea tan amplio como sea posible para que el tiempo en el mismo se adapte a los cambios y le permita realizar entregas antes o en el momento prometido.

3. La herramienta está sobrevalorada.

La herramienta de hoja de ruta del producto está sobrevaluada. No es necesario que presente una hoja de ruta. Las tarjetas de índice y una pizarra están bien, al igual que Google Docs, Excel y Keynote. Elige lo que más te convenga. Sólo importa el contenido, la presentación no es tan importante.

Requerimientos

Un requisito es simplemente una función, característica o servicio que un usuario desea. Los requisitos se presentan como restricciones, funciones, reglas de negocios y otros elementos que deben estar disponibles para satisfacer las necesidades de los usuarios.

Por ejemplo, si un cliente deseara un automóvil hecho a medida, los requisitos para lograrlo se basarían en las características del automóvil, como la posición cómoda del asiento, el sistema de propulsión, la capacidad de dirección, etc. Las soluciones a estos requisitos Ser asientos de cubo, un motor y un volante, en ese orden.

Cuando establezca los requisitos, asegúrese de que no apunten a una solución particular durante el tiempo que pueda, ya que atar el proyecto a una cosa limita su flexibilidad. Una solución desarrollada demasiado pronto se convierte fácilmente en un impedimento para la creatividad, el tiempo y el presupuesto.

Es imposible elaborar una lista detallada de todos los requisitos que necesitará un proyecto largo. Sin embargo, con el tiempo y conforme se presenten nuevas oportunidades y requisitos, el equipo podrá comprender mejor el negocio y, por lo tanto, podrá realizar especificaciones más precisas que satisfagan las necesidades de los usuarios finales.

Los requisitos se dividen en tres categorías.

1. Requisitos funcionales

Los requisitos funcionales son aquellos que expresan la característica o función y proporcionan una descripción de lo que se requiere. Por ejemplo, los requisitos "Buscar un lugar para las reuniones" y "Visitar el sitio del cliente" no indican cómo se logrará la solución. Sin embargo, "Alquilar una sala de conferencias" y "Conducir al sitio del cliente" son posibles soluciones. Sin embargo, estas soluciones no niegan las posibilidades de tomar alternativas.

Puede caminar, volar o tomar un tren para ver al cliente. Tú También podría optar por construir una sala de conferencias. Por lo tanto, establecer los requisitos sin proporcionar una solución definitiva proporciona espacio para la innovación y la flexibilidad a medida que avanza el proyecto.

2. Requisitos no funcionales

Los requisitos no funcionales indican qué tan bien o en qué medida debe llegar la solución. Estos requisitos describen principalmente los atributos de la solución, como su confiabilidad, disponibilidad, seguridad, capacidad de mantenimiento y otros adjetivos que tienen que ver con la capacidad de respuesta y el rendimiento. Por ejemplo, la disponibilidad de 24 horas cada día o un tiempo de respuesta de 2 segundos.

3. Historia de usuario

Cuando un requisito se expresa en la voz del usuario final, se denomina historia del usuario. Estos requisitos también se denominan características, épicas y temas.

Las historias de usuarios se están volviendo más populares en Scrum y otras metodologías ágiles por varias razones. Ayudan a desatar el verdadero motivo detrás del requisito. Expresan el requisito en un lenguaje significativo y fácil de usar. Se centran en los requisitos de prioridad sin tener que ahondar en cuestiones menores antes. Expresan la necesidad desde el punto de vista de las personas en las que se espera que la solución influya.

7 pasos de manejo de requisitos

Una recopilación honesta de los requisitos es la base de la ejecución exitosa de un proyecto. Los siguientes 7 pasos son críticos para garantizar que todos los resultados del proyecto cumplan con las expectativas que los clientes tienen.

1. Identificar todas las partes interesadas del proyecto.

El primer paso hacia el desarrollo de los requisitos es identificar a las partes interesadas clave del proyecto y el efecto que tienen en el resultado. La identificación de estas partes interesadas es fácil, desde las partes interesadas de nivel primario a secundario y de nivel terciario.

Deberá intercambiar ideas con los miembros del equipo, los patrocinadores y los líderes de los grupos funcionales. Involucrar a estas personas tiene el propósito de ayudarlo a evitar dejar fuera a cualquier parte interesada relevante y evitar las brechas en el proceso de manejo de requisitos.

2. Proporcionar a los interesados las preguntas correctas.

Ahora que ha identificado a las partes interesadas clave legítimas, ahora es el momento de hacerles las preguntas que le permitirán comprender sus expectativas más básicas del proyecto. Saber las preguntas correctas para hacer es un arte que necesitará aprender, pero mejorará con el tiempo. Las preguntas también ayudan a las partes interesadas a refinar sus expectativas porque muchos de ellos ni siquiera entienden lo que están buscando, pero hacerles las preguntas correctas los lleva al centro del asunto. Puede tomar varios intentos para llegar a las respuestas correctas.

Al hacer esto, asegúrese de tener las técnicas de recolección correctas bajo su manga. Tenga en cuenta que estas técnicas variarán de un proyecto a otro. Finalmente, hacer las preguntas correctas lo ayudará a definir y refinar el alcance del proyecto, ya que podrá distinguir entre lo que debería ser el centro de atención de su proyecto y lo que solo debería ser un valor atípico.

3. Identificar las mejores técnicas de manejo de requerimientos.

Técnicas como grupos, encuestas, lluvia de ideas, ingeniería inversa, creación de prototipos, entrevistas individuales y observación directa se utilizan como vías para reunir requisitos, cada uno de los cuales ofrece beneficios únicos, que también dependen de la naturaleza del proyecto. Deberá elegir la técnica adecuada para el proyecto específico sopesando los contras y los pros de cada uno.

Como se dará cuenta, no todas las técnicas se pueden aplicar en un proyecto y, a veces, es mejor usar más de una para asegurarse de que las sesiones de identificación de requisitos sean exhaustivas y que diseccionen el problema desde todos los ángulos posibles. A través de este método, es poco probable que se pierda algún problema importante o clave en el proyecto.

4. Póngalo en un papel.
Ya que Scrum tiene un modelo flexible gratuito, es fácil que las personas pasen por alto la necesidad de la documentación apropiada.

En la gestión de proyectos y la recopilación de requisitos para ser específicos, se deben escribir los detalles de todos los errores, resultados, cambios y conversaciones mantenidas. Documentar todo lo que se discute es la única forma de vincular los requisitos y los entregables. Sin la documentación adecuada, puede ser difícil resolver los problemas que surgen durante el curso del proyecto. La documentación también reduce la incertidumbre que muchos tienen sobre el éxito del proyecto.

5. *Realizar un análisis adecuado de los resultados.*

Como ha logrado reunir y documentar los requisitos, también deberá analizar los resultados para confirmar la exactitud, integridad y naturaleza veraz de los mismos. Asegúrese de priorizar los requisitos que se encuentran en las categorías operativa, técnica, funcional y de implementación. Además, debe organizar los requisitos en orden de importancia.

Hay casos en que las partes interesadas darán prioridad a algunos entregables u objetivos, pero son inalcanzables. Llevar a cabo este análisis le ayudará a tomar nota de discrepancias como estas y reducirá la posibilidad de volverse estresado y decepcionado más adelante.

6. *Confirmar los resultados.*

Justo antes de saltar detrás del volante del proyecto, tómese un momento para verificar las excepciones, los obstáculos encontrados, los hallazgos, la factibilidad y otros asuntos importantes antes de continuar con el proyecto. Esto se puede hacer con la ayuda de los principales interesados. Confirmar los resultados ayuda a evitar malentendidos e incertidumbres una vez que el proyecto está en marcha. También garantiza que todas las partes interesadas estén de acuerdo.

7. Cerrar sesión

Una vez que los resultados están disponibles y verificados por las partes interesadas, ahora es el momento de buscar patrocinadores y hacer que las partes interesadas firmen el proyecto. La firma es una confirmación física y un sello para mostrar que todas las partes son plenamente conscientes de los requisitos y han aceptado el proceso de recopilación utilizado, los términos y los hallazgos realizados antes de comenzar el proyecto.

El proceso básico de reconocer a los interesados, hacerles las preguntas correctas y trabajar con ellos para reconocer los requisitos antes de proceder a documentar, analizar, verificar y firmar, son los pasos críticos que tienen lugar al comienzo de la gestión del proyecto. Estos pasos también ayudan a las partes interesadas a realizar un seguimiento de todas las actividades con la esperanza de que el resultado satisfaga las necesidades según lo previsto.

Pila de Producto

En su definición más simple, el Product Backlog es una lista de todos los elementos que se cubrirán en un proyecto. Estos elementos son de naturaleza técnica o de usuario y están escritos en forma de historias de usuario. Cuando un proyecto tiene una acumulación de productos, no significa que el equipo se limite a solo hacer los elementos de la lista, pueden adquirir artefactos adicionales que complementan la acumulación en términos de detalles mucho más profundos.

Si bien el equipo no puede hacer cosas fuera del alcance de la cartera de productos, la ausencia de una cartera de productos no significa que el equipo no entregará. Por lo tanto, el retraso es solo una opción que el equipo tiene para entregar el resultado requerido, en lugar de un compromiso.

Una cartera de productos bien planificada no solo enumera las cosas en las que el equipo planea dedicar tiempo y otros recursos, sino que también facilita la planificación de los procesos de lanzamiento e iteración.

Los elementos prioritarios se enumeran en la parte superior para que el equipo sepa qué completar primero.

El equipo no repasa la lista siguiendo las instrucciones del propietario del producto, ni el producto acelera su ritmo. En cambio, el equipo trabaja a través de esta lista totalmente dependiendo de su capacidad para hacerlo.

Agregar o sacar un artículo de la cartera de pedidos debe ser muy rápido y barato, ya que el orden de los artículos en la cartera de pedidos cambia con el tiempo, a medida que el equipo desarrolla una mejor comprensión del proceso y la solución esperada. Esta capacidad de reordenar la lista, agregar nuevos elementos, eliminar algunos elementos de la cartera de pedidos y la capacidad de refinar continuamente la cartera de productos a medida que avanza el proyecto que le da su dinamismo.

Mejores Prácticas para el Backlog

1. Siempre tenga una visión clara del producto que desea desarrollar a medida que administra y maneja el Product Backlog. Cualquier cambio que realice debe estar de acuerdo con la visión del producto.

2. El orden que tomen los elementos en el producto Backlog dependerá de la urgencia, las dependencias, el riesgo, el valor y la cantidad de experiencia o el aprendizaje que se debe sacar de hacerlos.

   La mayoría de las veces, las personas solo consideran la urgencia y el valor, pero esto puede ser engañoso. Por ejemplo, si el proyecto requiere que usted construya una casa muy rápido para albergar a algunas personas sin hogar, todavía deberá cavar y construir una base antes de colocar un techo. Por lo tanto, a medida que ordena los artículos en el Product Backlog, también tenga en cuenta los riesgos, las dependencias y lo que podría aprenderse al hacerlo.

3. Asegúrese de que la acumulación de productos pueda entenderse fácilmente y estar disponible para todos los miembros del equipo. Esto parece ser una cuestión de hecho, pero encontrará que en muchos proyectos, el Product Backlog es un archivo en la computadora del Propietario del producto.

La mayoría de las veces, les preocupa que el equipo haga ajustes sin consultarles primero. Sin embargo, esto es más dañino que útil porque causa una falta de confianza, transparencia y asociación entre el Equipo y el Propietario del producto.

4. Haga que el Backlog del producto sea una responsabilidad que requiera la participación de todos los miembros del equipo. Si bien es responsabilidad del Propietario del producto ordenar y mantener el Backlog, todo el equipo es responsable de lo que ingresa. Esto significa que crear y agregar historias de usuarios es responsabilidad de cada miembro. Mientras que el propietario del producto define las historias, el equipo agrega los detalles de cómo se desarrollarán las historias.

5. Asegurarse de que la cartera de productos siga siendo manejable. Es tentador querer resolver todos los problemas de los usuarios y evitar decepcionar a las partes interesadas agregando continuamente artículos o historias a su Product Backlog. Sin embargo, tener que actualizar el Backlog varias veces puede consumir bastante tiempo. Tampoco es justo decir que sí, sabiendo que seguramente no cumplirás lo que prometiste.

6. Deje que los interesados participen en la cartera de productos. Siempre haga visible el Backlog y evite ocultarlo en algún programa o herramienta complicada. Si los Accionistas tienen acceso a él, pueden monitorear continuamente el estado del

proyecto y proporcionar comentarios útiles. Al final, esta comunicación genera una confianza que resulta valiosa, especialmente cuando tiene que tomar decisiones difíciles.

7. Deje que el acrónimo de DEEP sea su guía en la gestión del Product Backlog. (DEEP significa Detallado, Emergente, Estimado, y priorizado). Además, use el acrónimo INVEST para obtener una lista de verificación para asegurarse de que tiene los mejores y más altos artículos de calidad en el Backlog. (INVEST significa Independiente, Negociable, Valioso, Estimable, Pequeño y Probable).

8. Asegúrese de que todas las herramientas que adopte sean compatibles con el uso de un Product Backlog. Si el uso de una herramienta provoca demasiadas restricciones innecesarias, pruebe con otra, o mejor aún, evite las herramientas por completo. La mayoría de las veces, los equipos se sienten abrumados por la cantidad de trabajo que utiliza una herramienta determinada. Por lo tanto, si se da cuenta de que una herramienta está causando demasiado trabajo, evite usarla.

9. Cuando necesite aumentar la transparencia, reordenar o ajustar el balance de la acumulación de productos, emplee la técnica del cuadrante de priorización de la acumulación.

10. Asegúrese de que en todo momento, haya al menos dos sprints de los elementos de Backlog que estén listos para el compromiso. Para que un sprint esté listo, debe ser claro acerca de su agenda, practicable y comprobable.

Estimación de Backlog utilizando Fibonacci

Todos los elementos de la acumulación de productos dependen de la estimación del equipo y del propietario del producto para planificar sus fechas de lanzamiento y establecer prioridades. Esto significa que el proyecto requiere una estimación honesta de cuán difíciles son las tareas y cuánto tiempo puede tomar antes de que se completen. Idealmente, el Propietario del producto no debería asistir a las reuniones en las que el equipo está haciendo estimaciones para el proyecto para evitar aplicar presión al equipo a sabiendas o no.

Scrum Framework no proporciona ninguna recomendación o herramienta para usar al estimar el tiempo que tomará entregar ciertas tomas. De hecho, en el Scrum Framework, la estimación ni siquiera se hace en términos de tiempo. Scrum utiliza una métrica más compleja para cuantificar el tiempo y el esfuerzo que se utilizará. Los métodos comunes de cuantificación son el uso de tamaños de camiseta como XS, S, M, L, XL, un método de tamaño numérico que es de 1 a 10, o por la famosa secuencia de Fibonacci de 1,2,3,5,8,13. 21,34. No importa la escala que emplee, porque lo importante es que todo el equipo y las partes interesadas entiendan lo que significan las lecturas de la escala.

El sistema de Fibonacci, en particular, es una secuencia de números que pueden parecer incongruentes a primera vista, pero tiene un significado muy científico basado en las leyes de la distribución y la física. En este sistema, un número es la suma de los dos anteriores.

Aquí hay una ilustración:

1,2,3,5,8,13,21,34,5,89,144,233,377,610,987,…

Cuando utilice estos números para mostrar la inmensidad y el tamaño de los elementos en el Registro de productos, adopte la simplicidad para evitar confusiones. Por ejemplo, podría usar solo los números entre 1 y 21, y reservar grandes números como 987 para solicitudes absurdas, como cuando un interesado le pide que los lleve a Marte en una caja de cartón, por ejemplo.

La clave para usar este sistema con éxito es abrazar la relatividad. Por ejemplo, si un elemento de Backlog es un informe y aunque ya ha hecho muchos de ellos, este muestra cierta complejidad, especialmente debido a los datos subyacentes.

Califica este informe como un 3.

Si el Backlog tiene otro informe, compárelo con el primero. ¿Cómo se mide? ¿Es más pequeño o más grande? Si es más grande, un 5 u 8 haría, y si es más pequeño, un 2 es excelente. Haga esto para todas las entradas y terminará clasificando los elementos correctamente.

Para asegurarse de que la escala de Fibonacci funcione para usted a la perfección, quizás pueda comenzar por elegir lo que considera la tarea más pequeña y más fácil en el Backlog. Asigne este elemento 1, luego determine cuál es la tarea más difícil o más grande y asigne el número 21. Ahora, ha establecido marcadores, ha dimensionado el Backlog con los números de Fibonacci y puede comenzar a trabajar en ellos desde arriba.

A medida que vaya avanzando en el Backlog, es probable que algunos elementos empiecen a aparecer borrosos y empiecen a parecer tareas de baja prioridad. De hecho, nunca está seguro de llegar al final de la lista. Cuando esto suceda, no sienta la necesidad de cambiar el tamaño del Backlog nuevamente porque la lista ya está en orden de prioridad. Sólo continuar trabajando desde la parte superior.

El trabajo en equipo es importante

A medida que dimensionas los elementos en el Backlog, hazlo en equipo. Una tonelada de filosofía habla sobre la sabiduría de las multitudes, diciendo que dos mentes son mejores que una. Una persona puede ver complicaciones y problemas que otros no. Otro puede pensar en un enfoque mejor, más simple o más fácil que otros no vean. Trabajar en equipo también brinda una oportunidad para que los nuevos miembros del equipo aprendan de los miembros experimentados del equipo. A los personajes que son más fuertes y más vocales también se les niega la posibilidad de ser demasiado dominantes y ejercer su influencia en el proyecto y su resultado.

Una vez que haya terminado de dimensionar el Backlog, presente la lista del Propietario del producto para que puedan ver el tamaño proporcional de las funciones que han solicitado y, si es necesario, realizar cambios en sus prioridades. Si el propietario del producto solicita un cambio en las prioridades, solo mueva la posición de los artículos en el Backlog.

Estimación de Backlog usando Velocity

La velocidad se define como la cantidad de trabajo que se debe hacer en un solo sprint. Este trabajo se mide sumando los tamaños de los elementos completados en el Product Backlog.

Por lo tanto, la velocidad está interesada en la salida, es decir, la cantidad de trabajo que se ha realizado y no el valor de lo que se ha hecho. Principalmente, la velocidad se usa cuando se planifican sprints y lanzamientos.

Cuando se usa para la planificación, la velocidad se transmite como un rango que toma los números del 10 al 15 frente al 12 (10-15 contra 12). Una gama permite al equipo mantener la precisión sin necesidad de ser demasiado preciso.

Cuando se usa la velocidad para estimar el Backlog, es útil contar con un equipo experimentado porque tienen datos útiles, como su velocidad promedio, que se pueden usar para hacer una predicción precisa y precisa del tiempo que tomarán para completar cada elemento. Sin embargo, a veces, los miembros del equipo son nuevos y tendrán que llegar a un rango de velocidad de todos modos. La mejor manera de abordar el problema de la velocidad con este equipo es hacer que presenten dos sprints, con dos velocidades diferentes. Tan pronto como se completa un sprint y el equipo ahora tiene una velocidad real, los pronósticos se deben descartar y ahora se puede usar lo real para hacer predicciones.

Un equipo que está tratando de demostrar su valía y mejorar su rendimiento probablemente aumentará su velocidad a lo largo del tiempo. Sin embargo, esta velocidad eventualmente mesetas. Esto es normal, esperado y aceptable. Si en esta etapa el equipo aún desea mejorar su rendimiento, el equipo requerirá un enfoque completamente diferente, que incluirá nueva capacitación, nuevas herramientas, un pequeño ajuste en la composición del equipo y cualquier otro cambio que pueda aumentar la velocidad del equipo. Tome nota del hecho de que cuando se aplican por primera vez, estos cambios pueden hacer que la velocidad del equipo disminuya un poco, pero a medida que el equipo se adapta a la nueva forma de trabajar, los niveles de velocidad comenzarán a elevarse.

Se advierte a los interesados y al equipo que no utilicen la velocidad como una medida de rendimiento o como una forma de medir la productividad del equipo. En cambio, la velocidad está destinada a ayudar al equipo a aumentar la precisión de su planificación y a mejorar internamente. Cualquier otra intención puede influir negativamente en el equipo.

Estos consejos y mejores prácticas deberían ayudarlo a planificar su proyecto de la mejor manera posible desde el principio.

La planificación del proyecto, sin embargo, es solo una pieza del rompecabezas. La otra pieza importante que debe averiguar es la planificación de la versión, que es lo que veremos a continuación.

Capítulo 5

Planificación De La Versión

———————◆•———————

Todas las organizaciones que utilizan el modelo Scrum y otras metodologías ágiles han establecido un ritmo para presentar sus nuevos productos y características a los clientes. Algunos lanzamientos al finalizar un sprint, otros compilan los resultados de varios sprints y los presentan en un sprint, mientras que otros liberan una característica tras otra en un proceso llamado entrega continua. La mayoría de las organizaciones prefieren esperar un tiempo antes de hacer un lanzamiento y, por lo tanto, deberán planificarlo.

Objetivos de lanzamiento

Un plan de lanzamiento está impulsado por un objetivo u objetivo comercial llamado objetivo de lanzamiento. El propietario del proyecto tiene un objetivo de lanzamiento y se asegura de que esté vinculado al objetivo final, el objetivo del producto. El objetivo de lanzamiento actúa como un indicador de la funcionalidad que los clientes pueden esperar al lanzar el producto al mundo.

Un objetivo de lanzamiento claro acelera el proceso de priorización de requisitos, ya que si un requisito no está en línea con el objetivo de lanzamiento, debe ser devuelto a un objetivo posterior con el que se alinea. Todos los requisitos deben obtener el derecho a ser parte de la inversión actual y los que no lo hacen deben permanecer en el Product Backlog hasta que puedan ofrecer apoyo al objetivo prioritario. De la misma manera, si un requisito no se ajusta al objetivo de la versión, permanece en el Product Backlog.

Es importante tener en cuenta el hecho de que son los objetivos los que impulsarán el plan de lanzamiento y la acumulación de productos, y no al revés. Por lo tanto, cada requisito y característica debe medirse contra una determinada métrica. Pregúntese: "¿Se ajusta esto a la meta de lanzamiento?" Esto es lo que hace que el propósito del proyecto sea impulsado porque el propósito determina lo que se pone en el lanzamiento, la acumulación y los sprints.

Sprints

Un sprint de liberación es uno cuyo objetivo principal es liberar los entregables. Contiene elementos o historias que están destinadas a terminar el trabajo incompleto y otras actividades relacionadas con la publicación. Se crea cuando el equipo reúne los últimos bits de trabajo antes del lanzamiento programado. Normalmente, un sprint de lanzamiento no requerirá ninguna mejora adicional porque los elementos en el mismo ya han pasado por un sprint normal y ahora solo requieren toques finales.

Un sprint de liberación toma un período de tiempo diferente en comparación con otros sprints de desarrollo. Su duración depende del tipo de actividades involucradas y de la cantidad de trabajo necesario para que el producto terminado salga al mercado. El equipo determina este período de tiempo al planificar el lanzamiento. Dado que las actividades y la duración del tiempo de un sprint de lanzamiento son diferentes de las de un sprint de desarrollo, el concepto de velocidad no existe aquí. Solo requiere que el equipo de desarrollo calcule, de la manera más precisa, la complejidad de las tareas restantes y el tiempo o esfuerzo requerido. Todos los miembros del equipo deben estar de acuerdo y sentirse cómodos con la longitud del sprint establecido antes de enviarlo oficialmente.

Los sprints de lanzamiento se utilizan para escalar pruebas, realizar grupos de enfoque, crear la documentación restante, como los manuales de usuario, y para mejorar el rendimiento en función de los resultados de las pruebas. Los sprints también se utilizan para garantizar el cumplimiento de los requisitos reglamentarios y para asimilar el producto en una serie de sistemas empresariales.

Prioridades

La priorización es un elemento clave de Scrum y de otros procesos de desarrollo Agile. Por ejemplo, un Backum Project Backlog depende de la priorización para determinar el orden que tomará el equipo cuando trabaje en tareas importantes. El problema, sin embargo, es que el proceso de priorización en sí mismo no sigue ninguna regla establecida. Cuanto más trabaje en la priorización, mejor lo hará. Priorizar es realmente considerado un arte, y al igual que cualquier otro arte, hay trucos y consejos para aprenderlo.

La posición predeterminada de un propietario de producto es que todo en el Backlog es importante. Sin embargo, Scrum Master tiene el deber de ayudar al propietario del producto a clasificar los artículos, comenzando con los elementos de la más alta prioridad. Pero, ¿cómo se hace esto en la realidad? Examinemos esto usando un ejemplo de la vida real, aunque no relacionado con el proyecto.

Si está dando prioridad a las frutas en una tienda de abarrotes, es obvio que las manzanas golpearán a los duraznos. ¿Qué hay de la sandía contra las naranjas, cuál debería ir primero? ¿Qué tal mangos y piñas? Elegir entre estas opciones puede ser claramente frustrante y puede que incluso no tenga sentido. Este tipo de priorización requeriría discriminar algunos elementos, lo que será imposible para el Propietario del producto que siente pasión por cada elemento de la lista.

Sin embargo, puede intentar asignar valores a los elementos, comenzando del 1 al 5. En el primer intento, repase la lista de elementos y permita que el Propietario del proyecto asigne los números del 1 al 5 a los elementos al azar como él o ella elija. Estos valores se asignan únicamente en base a la intuición. En caso de duda, asigne un 3 y pase al siguiente. Muévete rápido, será divertido. Esta primera ronda desaparece muy rápido y ya habrás dado prioridad.

En la segunda ronda, tome un poco de precaución porque esta es la ronda de refinación. Compare los elementos a los que se asigna la misma prioridad y vuelva a priorizar las tareas que ahora parecen menos importantes. Aquellos de los que no está seguro pueden conservar sus posiciones en la lista. Cuando haga esto, encontrará que refinar la lista anterior es bastante fácil, y en poco tiempo tendrá una lista de prioridades que tiene cierta relevancia.

El último paso es el toque final y requiere que estime el tiempo que tomará por historia de usuario. Escribe esta información abajo. Una puede tomar una semana, mientras que la otra tomará 7 semanas y otra 9 semanas. Encontrará esto aún más sorprendente porque ahora comienza a darse cuenta de la cantidad de tiempo que le llevará cubrir los elementos que ha etiquetado como los más importantes. Sin embargo, con una restricción de tiempo, intente reorganizar esta lista en el orden de prioridades.

Longitudes de Sprint

Poco o ningún consejo se da cuando se trata de determinar la longitud del sprint. La definición da una idea de la duración del tiempo pero no de una cantidad definida. Un sprint se define como un período fijo de entre una y cuatro semanas, y el único consejo emitido al respecto es que los equipos deben inclinarse hacia los intervalos de tiempo más cortos. Sin embargo, este no es un consejo claro y los equipos deben elaborar cronogramas que funcionen para ellos.

Cuando se usa Scrum, particularmente los que se inician por primera vez, es racional realizar primero un experimento de varias longitudes de Sprint antes de llegar a un período definido que se ajuste al contexto. Hay un truco para hacer esto: un sprint más corto, uno que dura entre una y dos semanas, a menudo revela barreras e impedimentos más rápido que los más largos. Aunque el lapso corto es incómodo, son mejores para revelar problemas del proyecto y, por lo tanto, evitarlos en el futuro, a diferencia de los sprints más largos. Este es el enfoque de Scrum porque Scrum tiene la intención de llevar los problemas del proyecto a la superficie.

a. Sprints más cortos

Durando entre 1 y 2 semanas, los sprints más cortos tienen los siguientes beneficios:

- Los sprints más cortos tienen ciclos cortos que facilitan la planificación y aumentan el enfoque del equipo y, al hacerlo, reducen la cantidad de "trabajo oscuro" y el tiempo perdido.

- Los esprints más cortos aumentan el número de retrospectivas pero acortan sus longitudes. De esa manera, el equipo puede probar cambios más pequeños para garantizar que todo el proceso esté funcionando bien. Esto también crea más oportunidades de aprendizaje.

- Dado que las limitaciones y los impedimentos se resaltan más fácilmente, el equipo puede lograr una rápida realización de las cosas que podrían estar desacelerando su progreso.

- Los sprints más cortos obligan al equipo a dividir sus características e historias de usuario en partes más pequeñas, lo que mejora la capacidad del Propietario del producto para ejercer el control sobre el proceso al priorizar algunas cosas y derribar otras.

Las desventajas de los sprints más cortos incluyen:

- Trabajar en un tiempo muy limitado puede resultar bastante estresante primero.

- Algunas personas se quejan de que llevar a cabo reuniones de sprint después de solo una semana es excesivo, y no se habrá hecho lo suficiente para cubrir la reunión de sprint recomendada de 2 horas.

- Es difícil encontrar un producto de calidad en solo una semana o dos, la mayoría de los equipos pueden producir calidad después de aproximadamente tres o cuatro semanas.

b. Sprints más largos

Los sprints más largos duran entre 3-4 semanas. La ventaja de esta longitud es que se puede hacer mucho más en el período más largo y el equipo tiene un tiempo relativamente más fácil.

Las desventajas incluyen:

- Corre el riesgo de "trabajo oscuro" porque las nuevas necesidades y características surgen todo el tiempo.

- Puede ser difícil planificar adecuadamente para cada sprint.

- El propietario del producto no tiene muchas oportunidades de hacer que el equipo realice cambios.

- Esta longitud solo permite algunas revisiones de velocidad, lo que reduce el número de oportunidades que tiene el Propietario del producto para realizar cambios.

- Aumenta las posibilidades de que el equipo pierda el foco.

- Los problemas se descubren y se abordan más lentamente que los sprints más cortos.

- Puede conducir fácilmente a la adopción de la metodología de cascada.

- Menos retrospectivas conducen a menos oportunidades de mejora.

Elige entre tener un sprint más largo o más corto. Sin embargo, los sprints de 2 semanas son los más populares entre los equipos.

Planificación de Sprints

El marco Scrum admite el desarrollo iterativo y los sprints son las versiones más cortas de iteraciones donde las funcionalidades requeridas y los incrementos de productos se desarrollan y están listos para el final del próximo sprint. Planear un sprint es relativamente fácil. Es de conocimiento general que un sprint se inicia mediante una reunión de planificación en la que el equipo se compromete a cubrir una serie de historias dentro del Product Backlog desde la parte superior. Los sprints se escriben y los problemas se asignan uno tras otro.

Antes de comenzar a planear utilizando programas como el software Jira, tome nota de algunas cosas. En primer lugar, los sprints solo se aplican cuando se usan tablas Scrum y es necesario tener algún tipo de clasificación en el tablero para crear un sprint. Para crear el sprint, haga clic en el comando "Backlog" en su proyecto de Scrum y luego haga clic en "Crear Sprint" en la parte superior del Backlog. Una vez hecho esto, proceda a incluir temas en él.

El propietario del producto está a cargo del proceso de planificación del sprint. Hacer esto de manera efectiva requiere que el Propietario se tome un tiempo lejos del equipo y resuelva los requisitos, eliminando aquellos que no encajan en el mismo sprint. Los requisitos que se dejan por sprint deben ser los suficientes para cubrirlos en el tiempo asignado. El Propietario debe estar razonablemente y constantemente por delante del equipo.

Durante el refinamiento del backlog, la reunión entre el Scrum Master y el propietario del producto que se lleva a cabo antes de planificar el sprint, las dos partes deben trabajar juntas para filtrar los requisitos que necesitan más investigación antes de que se planifiquen los sprints.

En Scrum, evite que el alcance se deslice hacia adentro y haga que el equipo se sumerja en temas que no deberían cubrirse ahora. Tenga en cuenta que se espera que el equipo produzca un software funcional al final del período de sprint asignado, lo que significa que también debe conocer el conocimiento y la capacidad de su equipo para manejar el trabajo antes de planificar el sprint o agregarle nuevos problemas.

Generalmente, el equipo tomará tiempo para revisar los problemas antes de agregarlos al sprint para darles a los miembros el tiempo suficiente para evaluar el trabajo estimado que se agregará. Puede comparar estas valoraciones con el rendimiento del equipo en los sprints anteriores utilizando herramientas como el Gráfico de reducción y el Gráfico de velocidad. Si no tiene datos previos que usar para medir la velocidad del equipo, no se preocupe, tendrá suficiente cuando el equipo comience a completar varios sprints.

Si elige mover algunos problemas, hay algunos factores a tener en cuenta. Primero, no se le permite mover sub-tareas independientemente sin mover a sus padres. En segundo lugar, solo asigne un problema al sprint actual oa un sprint futuro. Esto significa que no puedes mover un problema dos veces; a un sprint activo y a un sprint futuro al mismo tiempo. Tercero, un problema solo aparecerá en una placa particular, única o múltiple, si los problemas asignados coinciden con la consulta de filtro de la (s) placa (s).

Un error que se repite entre los equipos ocurre cuando un equipo intenta entrar en acción de inmediato creando un sprint a partir de un Product Backlog que aún no se ha perfeccionado y no tiene historias de usuarios que puedan ejecutarse en este momento. Otros siguen adelante y planifican un sprint sin involucrar al Propietario del Producto, cuya función es proporcionar información y aportes con respecto a los objetivos y el trabajo en un sprint. En ambos casos, las probabilidades de éxito para cada sprint se reducen significativamente. Un buen Scrum Master debería guiar al equipo para evitar que esto suceda.

También se recomienda a los equipos de Scrum que escriban nombres completos en lugar de usar siglas al documentar los objetivos del sprint, a la definición de "hecho" o al crear una hoja de ruta. Es incorrecto suponer que todos comprenderán lo que significan las siglas. Algunos, especialmente los recién llegados, pueden tener dificultades para extraer el significado del texto. Al deletrear las palabras, en lugar de usar acrónimos, los miembros reconsideran el uso de conceptos largos y en lugar de hacer que sus objetivos sean claros, precisos y fáciles de entender.

Gráficos de Burndown

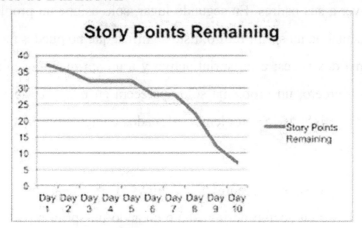

Imagen 5.1: Un gráfico de muestra de Burndown

Un Burndown Chart es una herramienta visual que se usa para medir el trabajo que se completa al final del día en comparación con la tasa de finalización proyectada para el lanzamiento programado de un proyecto. Este gráfico se crea como un mecanismo de seguimiento para garantizar que la solución que se está desarrollando se ajuste al calendario deseado. Su atractivo visual lo hace popular entre las personas que utilizan el software Agile, incluidos los usuarios de Scrum, porque los miembros del equipo pueden ver y comprender fácilmente el informe de progreso que se encuentra en él.

Mirando el gráfico de reducción anterior, el eje vertical indica la cantidad de trabajo disponible cuando comienza el sprint, mientras que el eje horizontal muestra los sprints. El trabajo restante se muestra en diferentes tipos de unidades como puntos de historia, días de equipo, días ideales y otros.

Un Burndown Chart funciona bien para muchos equipos y para una serie de situaciones. Sin embargo, los equipos que realicen muchos cambios en sus requisitos necesitarán un cuadro alternativo para que prácticamente puedan mantener su proyecto en marcha.

En general, el Burndown Chart es un componente ingenioso de cualquier proyecto porque es una forma en que el equipo puede medir la cantidad de trabajo que completan al final de cada sprint.

Capacidad de acumulación

La mayoría de las discusiones en torno a la planificación y la gestión de proyectos se centran principalmente en la forma correcta de crear horarios y comprender los requisitos en el trabajo pendiente.

Si bien estos son temas fundamentales, es importante tener en cuenta el papel que juegan las personas en este desarrollo. Los proyectos son realizados por personas con diferentes habilidades que son propensas a la fatiga y cuya atención puede ser desviada por diferentes factores de la agenda principal.

Si tiene un conjunto consistente de personas que ven a través de sus proyectos, lo que no siempre es así, tendrá que comprender la cantidad de trabajo que pueden hacer en un momento dado antes de poder planificar el cronograma y el alcance de el proyecto.

El enfoque ágil de los proyectos se centra más en los equipos que en los individuos. Se supone que los miembros del equipo son constantes y tienen el conjunto adecuado de habilidades para llevar a cabo las actividades del proyecto. Esta orientación del equipo significa que los cálculos que incluyen los recursos y la cantidad de trabajo realizado se miden colectivamente en lugar de perperson.

El gerente de proyecto desglosa el trabajo requerido para implementar y validar los requisitos en tareas individuales basadas en las especificaciones realizadas en los requisitos. Dado que la mayoría de las tareas se estiman en unidades de horas por persona, el objetivo aquí es determinar la cantidad de horas por persona que el equipo proporcionará en un período de tiempo específico, como un sprint.

El modelo de recurso que utilizamos requiere que tenga los siguientes datos a su alcance:

- El número de miembros del equipo.

- La cantidad de días hábiles en un período dado, por semana.

- El número y la duración de las reuniones y actividades que requerirán la asistencia de cada miembro, durante el cual nadie trabajará en el proyecto.

- El tiempo libre programado que cada miembro tendrá durante este período.

- La disponibilidad de trabajo para cada miembro cuando no asiste a una reunión conocida

El resto es simple y se puede hacer usando una hoja de cálculo.

1. Obtenga el número total de "Horas de trabajo" en el período dado multiplicando el número de días de trabajo por ocho (número estimado de horas de trabajo en un día).

2. De las "Horas de trabajo", reste la cantidad total de horas asignadas a las reuniones del equipo. Esto le dará las "Horas de trabajo netas".

3. Obtenga el tiempo libre y la disponibilidad para cada miembro del equipo. Resta las horas libres para cada persona de la Red de Trabajo Horarios y multiplique lo que obtiene por la disponibilidad de la persona para obtener la capacidad individual de cada miembro.

4. Sume todas las capacidades individuales para obtener la capacidad del equipo en horas-persona. Divida el resultado por ocho para encontrar la capacidad en días-persona.

5. Ahora, divida la capacidad del Equipo expresada en horas por las horas de trabajo para obtener los recursos del equipo neto. Esta es ahora la cantidad de personas efectivas a tiempo completo que tiene en el equipo.

Trabajando el Sprint Backlog

Un Sprint Backlog es una lista ordenada de elementos extraídos de la cartera de productos que el Equipo pretende completar para la llegada del próximo Sprint. Los elementos de esta lista se han tomado del Product Backlog durante la planificación de sprint. Dependiendo de la cantidad estimada de trabajo asociado con cada una de ellas, se les asigna un valor a las historias de usuario, idealmente en forma de estimaciones puntuales en lugar de horas antes de seguir adelante para desarrollar estrategias que se utilizarán para trabajar con los elementos en el Backlog de Sprint , comenzando con los elementos que tienen el valor más alto.

Una vez que el equipo ha identificado las historias que puede cubrir cómodamente en un Sprint Backlog, no debe haber cambios ni adiciones hasta el final del Sprint. Sin embargo, si el Propietario del producto o la administración de la organización sienten que hay un elemento con mayor valor comercial y deben incluirse en el Sprint, el Propietario del producto sigue adelante e invoca el procedimiento de interrupción.

En el caso de que la interrupción sea tan dramática que cambie el alcance y las prioridades del Sprint, no se puede abordar mediante el procedimiento de interrupción y el Propietario del producto puede cancelar el Sprint. Inmediatamente, el equipo lo deja todo y organiza una nueva reunión de planificación del sprint y, a continuación, comienza un nuevo Sprint. El proceso de cambiar el Sprint puede ser bastante perjudicial para el proyecto, lo que significa que el Propietario del producto debe tomar todas las precauciones antes de cancelar un sprint.

Obviamente, el escenario anterior es uno que debe evitarse tanto como sea posible. Optimizar sus carreras es la mejor manera de asegurarse de que tal escenario no ocurra. Esto es lo que veremos a continuación.

Capítulo 6

Optimizando Sprints

———————— ♦ ————————

Puede optimizar sus sprints, aumentarlos o mejorarlos en función de tres factores diferentes, que son la duración del sprint, el tamaño del equipo y la cantidad de elementos en el registro de sprint.

La optimización se realiza mediante la inspección periódica de los procesos utilizados en las revisiones y retrospectivas para ver el estado del sprint y del proyecto en su conjunto. Para optimizar al máximo, aquí hay una serie de factores que deberá tener en cuenta.

Definición diaria de Scrum

El Daily Scrum es una reunión corta de todos los días que el equipo celebra al comienzo de cada día laboral. Las reuniones se llevan a cabo a la misma hora y en el mismo lugar cada día. Se espera que todos los miembros que están trabajando para alcanzar la meta de sprint en cuestión asistan y participen. Se le pide a cada miembro que brinde una respuesta breve a tres preguntas obligatorias. Él o ella debe declarar sus logros desde la última reunión de Daily Scrum, indicar lo que pretende lograr en la próxima reunión e indicar los impedimentos que enfrenta para evitar que la persona cumpla con las expectativas. conjunto.

Al tener conocimiento de lo que los miembros del equipo lograron el día anterior y lo que pretenden lograr hoy, el equipo puede tener una excelente imagen del trabajo que se ha completado y lo que queda. El Daily Scrum no debe tomarse como una reunión de estado en la que todos los miembros del equipo puedan saber quién se queda atrás, sino que es una reunión en la que los miembros hacen y renuevan su compromiso con el proyecto y con los demás, para seguir trabajando y logrando el objetivo deseado.

Durante estas reuniones, si una persona se pone de pie y dice que está trabajando en un módulo en particular, sabe que en la reunión del día siguiente, la persona informará si pudo terminar de trabajar en el módulo o no. Es muy bueno para el proyecto que el equipo se dé cuenta del valor de estos compromisos.

Se requiere la presencia de cada miembro del equipo y se prefiere que cada uno se asegure de que la reunión solo ocupe el tiempo programado y no un segundo. Por otro lado, el equipo tiene que abordar todos los problemas que se plantean durante la reunión, y ninguno debe ignorarse basándose en la excusa de que el tiempo es limitado. Cualquier problema que surja después de eso debe registrarse y manejarse después de la reunión de Scrum.

Scrum Master asume los impedimentos y problemas planteados como su responsabilidad personal y trabaja para resolverlos lo antes posible. Ejemplos de impedimentos son:

"Todavía no he recibido el software que solicité hace una semana".

"No puedo conseguir que los chicos de soporte técnico me devuelvan la llamada".

"El director general del grupo ha solicitado que me una a él en su gira de mañana, lo que me sacará del trabajo por hoy".

Para los problemas que están más allá de la capacidad de ayuda de Scrum Master, todavía es su deber garantizar que otra persona resuelva el problema.

Programación

Los equipos que han tomado Scrum planean y rastrean su trabajo utilizando intervalos de tiempo regulares en un ritmo llamado cadencia de velocidad. Los sprints se definen de manera que se correspondan con la cadencia que está utilizando el equipo. La cadencia puede tomar de 2 a 3 semanas o incluso más corta o más larga. Alternativamente, puede crear un calendario de lanzamiento que reúna una serie de sprints.

Programar sprints es el primer paso en la iteración o el proceso de planificación de sprint. En las reuniones programadas, el equipo determina la cantidad de trabajo que pretende entregar, seleccionando entre los elementos priorizados en el Backlog y utilizando su historial de velocidad como un indicador de la cantidad de trabajo que el equipo puede manejar en un sprint. Otros detalles que se determinaron en esta etapa incluyen las fechas de inicio y finalización del sprint, la cantidad de historias o elementos que se manejarán por sprint y la cantidad estimada de trabajo que se manejará en cada sprint.

Conductible

Llevar a cabo el sprint de una manera óptima ayuda a eliminar sorpresas, a enfocar la ejecución de los problemas y a obtener un código de mayor calidad al final del proyecto. Al realizar sprints, siga los siguientes pasos:

1. Mira hacia atrás en la hoja de ruta de donde vienes

Es útil mirar atrás y ver de dónde proviene su proyecto. La hoja de ruta detrás de usted marca el ritmo de las historias de usuario y los sprints, que son la columna vertebral del programa Scrum y la entrega de resultados, en particular los de proyectos largos. Esta hoja de ruta debería haberse actualizado y debe estar visible para todo el equipo.

2. Celebrar una sesión informativa antes de la reunión oficial.

Los sprints de planificación requieren la preparación del retraso y la decisión de los productos a entregar para el sprint que viene. Por experiencia, la preparación del trabajo atrasado se debe hacer antes en una sesión separada con Scrum Master y el propietario del producto presentes, antes de que comience la planificación del sprint. La preparación del backlog es una actividad destinada a garantizar que el Backlog del producto aún esté en buen estado. Un backlog saludable es aquel que prioriza correctamente los elementos, tiene una estimación del trabajo requerido para cada elemento y contiene historias de usuario bien definidas en las que el equipo puede comenzar a trabajar de inmediato.

En el curso de la preparación, es probable que vea elementos que no tienen suficientes detalles adicionales para ajustarse a la ejecución y procederá a buscar más información del propietario del producto.

Esta es la ventaja de la preparación de Backlog; asegura que se llenen los vacíos existentes para que no se conviertan en impedimentos y pérdidas de tiempo cuando comienza la planificación real del sprint. El equipo también tiene la oportunidad de considerar sus opciones y de asignar los elementos que se incluirán en el próximo sprint.

Tablero de tareas del equipo

Al usar Scrum, puede hacer que todas las actividades del proyecto estén visibles al colocarlas en el tablero de tareas de Scrum. Si bien es posible hacerlo digitalmente, no hay ningún problema en la vieja escuela, solo necesita una pizarra o una pared, algunas notas adhesivas o tarjetas y una cinta.

Los tableros de tareas físicas son una herramienta excelente porque son una forma rápida y efectiva para que el equipo y las partes interesadas tomen todo el sprint de un vistazo. Tener a la junta directiva dentro del espacio de trabajo del equipo garantiza que actualicen constantemente su progreso y se mantengan motivados para mantenerse en curso.

Al crear un panel de tareas, asegúrese de que tenga los siguientes elementos críticos:

- La parte superior debe conservarse para el objetivo específico de Sprint y el objetivo general de lanzamiento. La Fecha de

Sprint y la Fecha de lanzamiento también se pueden incluir en la parte superior.

- Las columnas tienen una serie de categorías. De izquierda a derecha:

Para hacer: esta columna está destinada a tareas y requisitos que aún no se han manejado.

En progreso: esta columna está reservada para las tareas y elementos en los que el equipo está trabajando actualmente.

Aceptar: esta columna está destinada a los requisitos que están a la espera de la aprobación del propietario del producto. Los requisitos rechazados se vuelven a colocar en la columna En curso.

Hecho: esta columna está reservada para los requisitos que están completos y aprobados.

Este formato se ilustra a continuación:

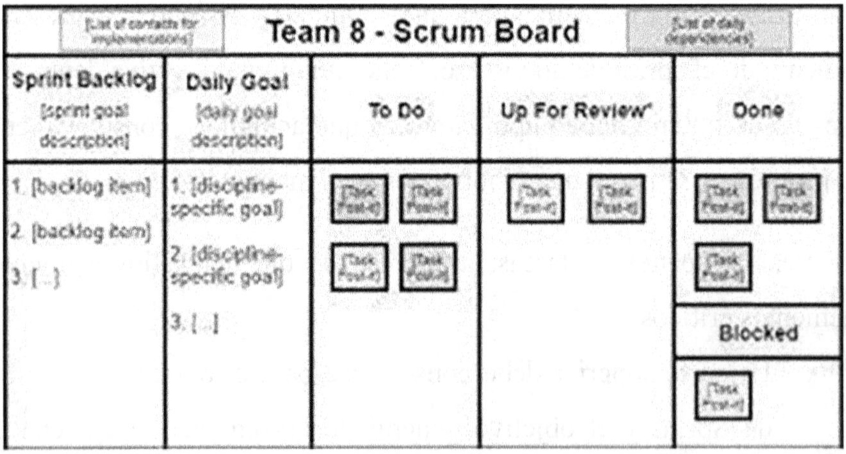

Imagen 6.1: El panel de tareas del equipo de formato debe tomar

Como puede haber notado, el equipo de desarrollo puede mover los requisitos de la columna Tareas pendientes a las columnas En curso y Aceptar. Sin embargo, el propietario del producto solo tiene el mandato de mover los elementos de la casilla "Aceptar" a la columna "Hecho".

El propietario del producto no debe permitir que los elementos de la columna "Aceptar" se acumulen. Idealmente, un día no debe pasar antes de que una tarjeta o una nota adhesiva se mueva a la columna "Hecho" o se rechace.

Manejando los requisitos inacabados

Cuando se les pregunta sobre el progreso de un proyecto, la mayoría de las personas informarán que han completado el 40%, el 80% o el 95%. Estas estimaciones pueden ser tranquilizadoras a veces, pero no abarcan el espíritu de transparencia que Scrum defiende.

Además, el estado de un proyecto en Scrum y otros métodos de desarrollo de software ágil es Listo o No hecho, y nada más.

Se le permite cortar historias de usuarios por sus reglas de negocios, pasos de flujo de trabajo o por variación de datos para que puedan encajar en un sprint, pero el alcance que se define en un sprint debe estar completamente terminado. No permita que su equipo asuma otra historia de usuario creyendo que la historia de usuario actual está casi terminada. Esto significa que el equipo tiene que idear un método para manejar las tareas no terminadas para que no interfieran con el cronograma y la ejecución del proyecto.

Entonces, ¿cómo debe manejar los requisitos sin terminar? Hay dos maneras de lidiar con la situación. La primera es que esta pregunta no tiene por qué preocuparte mucho. La imposibilidad de terminar una historia de usuario significa que la historia es excepcional por sí misma y no importa cómo la mire, no afectará ninguna de sus métricas. Sin embargo, si esto sigue siendo intolerable para su equipo, tiene que lidiar con los problemas subyacentes. Averigüe qué está causando los retrasos y manejarlo adecuadamente.

Los retrasos y los efectos secundarios se deben a la sobreestimación del trabajo para el sprint, donde los miembros del equipo se vuelven demasiado ambiciosos y se comprometen a hacer más de lo que pueden manejar. También se origina al no definir claramente la Definición de Hecho, lo que da lugar a desacuerdos sobre si la historia debe considerarse Finalizada o no. Los escenarios imprevistos también pueden causar retrasos, como la caída de un miembro del equipo y otros compromisos laborales o personales. Los cambios climáticos y las emergencias, como las tormentas y las olas de calor, también pueden impedir el progreso. Un cambio en la prioridad también puede causar efectos secundarios, donde el Propietario del Producto desea cambiar las prioridades debido a impedimentos técnicos o la aparición de otros factores que son de mayor prioridad que la materia actual. Debido a estas razones, los requisitos pueden extenderse y causar retrasos.

La segunda forma de ver los requisitos no terminados también es simple. En primer lugar, los requisitos no finalizados ni siquiera deberían formar parte de la reunión de demostración. Solo se colocan en la parte superior de la acumulación en lugar de llevarse a la acumulación de otro sprint. No se otorgan Puntos de Historia a la historia sin terminar. Sin embargo, si el propietario del producto decide que el equipo necesita dedicar más tiempo a trabajar en esta historia, la historia se trasladará al siguiente sprint durante la próxima reunión de planificación y se le otorgará el mismo trabajo y estimación de tiempo que se hizo originalmente.

Cómo corregir un curso

Al proteger el alcance de cada sprint, el equipo puede administrar su esfuerzo y trabajar de manera óptima. Sin embargo, cuando surge la necesidad de cambiar de rumbo, debe estar armado con el conocimiento de cómo lidiar con estos cambios.

Lo primero que debe hacer es revisar todo el proyecto y revisar al equipo durante la sesión retrospectiva. El objetivo de esta sesión es determinar qué causó el desbordamiento e ir a través de varias opciones disponibles para el equipo y la organización para mitigar el problema. El equipo debe averiguar los factores subyacentes rápidamente y no perder mucho tiempo, ya que también es necesario para otras cuestiones del proyecto. Por lo tanto, el equipo debe llegar a un acuerdo con respecto al problema que se extendió y hacer que el Propietario del producto decida si el problema sigue siendo prioritario o no.

Si aún se considera que la historia es de alta prioridad, se mueve al siguiente sprint como se mencionó anteriormente. Es más fácil hacerlo esta vez porque ya habrá determinado todo lo que implica durante el aseo, y solo es cuestión de hacerlo ahora. En el caso de que el problema solo se resolviera parcialmente, el equipo debe continuar para analizar la cantidad de trabajo que aún debe realizarse. El análisis de este trabajo puede llevar al equipo a crear una nueva historia de usuario y redefinir Hecho, además de una nueva forma de estimación.

Si la historia se descarta y ya no se considera una prioridad, la historia se regresa a la parte inferior del Product Backlog a la espera de una reevaluación basada en la prioridad durante el proceso de preparación cuando se coloca en el lugar que merece, aún en función de la prioridad.

Para evitar los efectos secundarios constantes, tiene sentido que Scrum Master tome nota de la disponibilidad del equipo para toda la longitud del sprint y luego planifique el trabajo en consecuencia. Él / ella debe reservar un tiempo intermedio para atender emergencias, eventos imprevistos y la posibilidad de que una historia se prolongue por más tiempo de lo planeado. Es lógico dedicar una cantidad considerable de tiempo a la planificación para garantizar que todos los problemas incluidos en el sprint se alineen con el objetivo que se debe alcanzar al final. En general, cuando se producen efectos secundarios, solo es necesario gestionarlos adecuadamente. Es imposible eliminarlos pero con una planificación y administración adecuadas, puede reducir la frecuencia con la que ocurren.

Insights de retroalimentación

El marco Scrum promueve un enfoque incremental, iterativo y colaborativo para crear productos de software. Su objetivo principal es satisfacer las necesidades de los clientes, partes interesadas y socios a través de la entrega continua de software viable que proporcionará valor y beneficios. Como parte de permitir la colaboración entre el equipo de desarrollo y los consumidores, este proceso pone énfasis en los ciclos cortos de retroalimentación.

Las interacciones frecuentes y los comentarios de los usuarios finales mantienen al equipo creativo enfocado en cumplir con los objetivos establecidos, asegurando que producen un producto de alta calidad y uno con las características deseadas. El ciclo de retroalimentación también permite que el equipo tome en cuenta los cambios en el proceso de desarrollo a medida que surgen.

Esta es la razón por la que Scrum ha incorporado puntos de control para permitir la colaboración y la retroalimentación. Por ejemplo, la postura diaria le permite al Equipo compartir actualizaciones de sus tareas y hablar sobre los obstáculos que han encontrado en el camino. Durante la reunión de revisión de Sprint, el equipo también tiene la oportunidad de presentar su software de trabajo al personal más amplio de la organización y los usuarios.

El bucle de retroalimentación Scrum tiene cuatro pasos fundamentales. Los pasos son la planificación, la realización, la comprobación de los resultados y el ajuste correspondiente en la preparación para el próximo ciclo.

Scrum tiene dos bucles esenciales: todos los días y sprint.

Un sprint es un circuito de retroalimentación importante. Permite al equipo ejecutar planes para ayudar a alcanzar la meta prevista y luego medir su progreso a través de retrospectivas y revisiones. En la revisión del sprint, el equipo se enlaza con los usuarios finales o el Propietario del producto, que es el proxy, para recibir comentarios sobre los requisitos que se han implementado hasta el momento. Una vez que el software está en funcionamiento, el equipo puede tomar nota de las áreas que necesitan mejoras y volver a colocar estos cambios en el Backlog.

A la inversa, la retrospectiva se centra en el trabajo y el proceso que tomó para completar el trabajo. El equipo recorre todo el proceso del proyecto para determinar qué salió bien y qué podría usar un enfoque diferente en el futuro.

El día también es un importante ciclo de retroalimentación porque marca el inicio y el final de la rutina diaria. El stand-up les brinda a los miembros del equipo la oportunidad de realizar cambios en sus planes en función del progreso que hayan logrado hasta el momento, con la intención de maximizar la probabilidad de alcanzar sus objetivos.

Durante el stand-up, el equipo busca responder preguntas como, ¿qué medida de progreso logramos hoy? ¿Qué problemas encontramos? ¿Qué hay en la agenda hoy? ¿Estamos avanzando como esperábamos? ¿Necesitamos modificar el alcance del sprint actual?

Además de los dos bucles de retroalimentación principales, hay otros, aunque no están estrictamente vinculados a Scrum. Sin embargo, cuando se utilizan, mejoran el éxito del proyecto. Incluyen ciclos de desarrollo guiados por pruebas, programación de pares e inspección de todo el proyecto a través de una versión principal en la que se incluyen varios sprints.

Para terminar, deberás prestar atención a algunas precauciones mientras tratas con los bucles de retroalimentación:

1. Los bucles de retroalimentación poco frecuentes dificultan aprender de los errores y efectuar cambios en los productos y los procedimientos de producción.

2. Si no actúa sobre lo que aprende, no tiene sentido tener bucles de retroalimentación en primer lugar.

Antipatrones

Los antipatrones de Sprint aparecen ocasionalmente y causan dificultades innecesarias en las vidas de ScrumMaster, el propietario del producto, el equipo y otros interesados.

Aquí hay algunos antipatrones:

Dilaciones puntuales

Algunos equipos evitarán abordar las tareas más difíciles, más grandes y más riesgosas y pasarán a las más simples en un intento por ganar puntos de historia para mantener los

Gráficos de Burndown en buen estado, para impresionar a sí mismos, y a los interesados. Esto se convierte en un problema, especialmente cuando el proyecto llega a su fin y las cosas comienzan a cambiar y se vuelven más impredecibles. Además, este patrón de hacer cosas podría hacer que el Propietario del producto y la administración procedan a recompensar a los miembros del equipo rápidos pero descuidados, mientras se deshacen de aquellos cuyos movimientos son calculados y cuidadosos. Por lo tanto, tenga cuidado al medir el desempeño del equipo usando puntos de historia porque si se enfoca en los puntos, eso es todo lo que obtendrá.

Mediocridad permitida

En Scrum, no hay métricas para medir la calidad, lo que significa que si el propietario del producto y los miembros del equipo están obsesionados con ganar puntos de finalización, las cosas se saldrán de control muy fácilmente. En el desarrollo de software, el trabajo de baja calidad conduce a errores que, a su vez, reducen la velocidad. Los errores también reducen la calidad de la experiencia del usuario, lo que plantea la necesidad de volver a trabajar. Otras veces, el equipo no quiere reconocer públicamente los errores y no los investigará adecuadamente, lo que podría terminar causando problemas más adelante, lo que afectará la velocidad del equipo. Scrum impone, como una estructura empresarial que a veces, los propios ingenieros no tienen voz sobre los superiores. Es necesario habilitarlos para que también tengan voz en el proceso de construcción.

El enfoque 'No Plan'

Además de la planificación del sprint, no se hace mucho más para ayudar a diseñar o guiar el proyecto. Como resultado, hay ajustes, modificaciones y reajustes constantes a lo largo del proyecto. Es cierto que el punto de usar Scrum es adaptarse y adaptarse al cambio, pero eso no significa que el equipo deba participar en un juego de adivinanzas que carezca de una visión clara.

Algunas personas dicen que los procesos ágiles no necesitan ninguna forma de diseño, pero esto también es incorrecto. Nadie puede lograr el éxito sin algún tipo de plan.

El riesgo de un agujero de conejo

Cuando coloca los requisitos de un proyecto en un sprint, básicamente está declarando que esos son los únicos elementos en los que trabajará durante las próximas X semanas. La idea de tener una funcionalidad congelada significa que el equipo no puede alterar el contenido del sprint a menos que lo consulte sin consultar al propietario del producto. El problema con esta estructura es que a medida que los miembros del equipo trabajan en los requisitos, es probable que descubran desafíos y piezas de trabajo que deben abordarse por separado. El marco de Scrum no indica a dónde van estos problemas. Idealmente, el equipo tendría que reorganizar su trabajo y organizarlo de manera sensata, pero esto no se recomienda ni se permite. Esta falta de autoridad puede frustrar y desmoralizar al equipo.

Lo peor es Adivinar

La planificación de Sprint a menudo requiere que el equipo realice estimaciones, pero las estimaciones no miden con precisión el trabajo a realizar. A menos que el equipo haya hecho el trabajo antes, las estimaciones son meras conjeturas, que a menudo son erróneas. Para evitar conjeturas, es prudente dedicar más tiempo a los requisitos, lo que requeriría realizar parcialmente el trabajo. Esto es inaceptable, y el equipo tiene que conformarse con las conjeturas. El resultado es que el equipo se encuentra con mucho estrés.

Pruebas

Scrum no necesariamente dice que las pruebas deben realizarse dentro del Sprint, pero sí dice que al final de cada Sprint, el equipo debe producir un incremento de producto. Por definición, un incremento es una suma de todos los elementos del Product Backlog completados en un Sprint agregado al valor de los incrementos de todos los Sprints anteriores. El nuevo incremento al final del último Sprint debe ser "Hecho", para significar que debe estar en condiciones de uso si el Propietario del producto decide liberarlo o no.

La 'Definición de' Hecho 'indica que el producto debe haber sido probado, lo que responde a la pregunta de cuándo se realiza la prueba. Por lo tanto, cada incremento adicional debe haber sido probado exhaustivamente para garantizar que agregarlo al resto no rompa la sincronicidad.

Como puede ver, cada lanzamiento de producto debe haber sido probado para demostrar que realmente funciona como se supone que lo haga. Nada más que eso se adhiere a las reglas de Scrum. Además, no hay manera de probar que el software no probado funciona.

Esto nos lleva al siguiente tema, a saber, los escollos que se deben evitar al implementar y ejecutar scrum.

Capítulo 7

Obstáculos que se deben evitar en Scrum

---◆---

En el curso de la implementación de Scrum, es probable que los equipos cometan algunos errores graves pero comunes. Como se dará cuenta, muchos de ellos tienen que ver con la falta de capacitación, el apoyo organizativo inadecuado y, en ocasiones, el recurso a métodos antiguos de gestión de proyectos.

Incluyen:

Demasiada planificación y preparación.

Scrum no requiere el tipo regular de planificación que exigen las metodologías normales. Por el contrario, los equipos de Scrum tienen la libertad de saltar y comenzar. La retroalimentación que recibe el equipo se utiliza como medio para revisar y ajustar sus planes. Algunos equipos incluso comienzan a crear el Product Backlog después de comenzar o terminar el primer Sprint.

Falta de un sistema de prueba automatizado.

Si el sistema no requiere que lo haga, puede ser difícil para los equipos probar sus entregables dentro de cada Sprint. Además, la mayoría de las pruebas manuales recomendadas solo desperdician el tiempo que los equipos no tienen el lujo de.

Confianza en las herramientas.

La mayoría de las organizaciones realizan una búsqueda frenética de herramientas electrónicas que pueden guiarlas a lo largo del proceso Scrum, especialmente aquellas que son nuevas en Scrum. Buscar una herramienta es solo un medio para retrasar el proceso Scrum. Y además, el Manifiesto Ágil no fomenta el uso de herramientas.

La contribución de Scrum Master

Idealmente, el Scrum Master debería funcionar como un bombero o un capataz en un sitio de construcción. Su función es observar solo a distancia y vigilar cualquier problema o impedimento que surja. Sin embargo, una vez que el Scrum Master comienza a asumir tareas, tienden a distraerse del importante papel de ayudar al equipo y protegerlo de las interrupciones.

Propietario del producto improductivo

El rol del propietario del producto en Scrum es completamente diferente del rol que desempeñan en los métodos tradicionales de desarrollo de productos. Hoy en día, los equipos necesitan un Propietario de Producto que sea un experto en asuntos de negocios, que comprenda las prioridades y que pueda trabajar bien con los demás todos los días. Un propietario de producto indeciso o ausente rápidamente hunde todo el proyecto.

Entrenamiento inadecuado

Invertir en una clase hace que todas las partes interesadas sean mejores y más rápidas en el desempeño de sus funciones. La falta de capacitación demuestra que la organización en sí no toma en serio el programa Scrum.

Un entorno de trabajo inadecuado.

Si los miembros de un equipo no trabajan desde la misma ubicación, no obtienen las ventajas de la interacción uno a uno. Trabajar juntos no es suficiente, el equipo necesita relacionarse bien entre sí, incluso en asuntos fuera del proyecto.

Selección de equipo pobre

Es posible elegir algunos miembros que no trabajan bien con otros, no creen en la viabilidad de Scrum, o que no tienen la capacidad de manejarse en su trabajo. Todas estas cualidades llevan al rápido sabotaje de los proyectos y al supuesto fracaso de Scrum como metodología.

Estirando los objetivos

El equipo es el único responsable de decidir la cantidad de trabajo que puede cubrir en un sprint. Ninguna persona debe presionar al equipo para que haga más, comprometiéndose demasiado porque solo se desmotivará, generará resentimiento y generará desconfianza entre los miembros. Sin embargo, puede motivar al equipo desafiando los objetivos del producto.

Interrupciones ardientes

El equipo no debe permitir incluso las interrupciones más apremiantes en un Sprint. Si efectivamente el problema es urgente, el equipo debe continuar y cancelar el Sprint actual. De lo contrario, la interrupción debe colocarse en el Producto.

Se acumula y se maneja más tarde, posiblemente al comienzo del próximo Sprint.

No haber terminado

Esto es difícil de prevenir por completo y encontrará que esto sucede de vez en cuando. Sin embargo, puede convertirse en un hábito para un equipo que supera. Para evitar esto, asegúrese de que los Gráficos de Burndown se utilicen de manera efectiva y de que se realicen demostraciones de vez en cuando para realizar un trabajo incompleto.

Prototipos inutilizables

Los equipos de Scrum deben comprometerse a producir software de calidad, "potencialmente enviable" desde el principio, en el primer Sprint. El uso de un código prototipo retrasa la escritura del código de producción. Los diseños detallados, los esquemas y otras herramientas tampoco son aceptables.

Cambio de miembros del equipo

El marco de Scrum tiene la intención de crear equipos de desarrollo de alto rendimiento. Si se cambian los miembros, el nuevo equipo debe rehacer la secuencia de formación, tormenta, normalización y ejecución una vez más. Si el equipo se desempeña y está normalizando, cambiar a los miembros no es práctico y es un desperdicio de inversión.

Creación de roles no scrum en el equipo de Scrum

Es común encontrar que cuando las organizaciones crean equipos Scrum, lo hacen sin cambiar los deberes y títulos oficiales de los miembros del equipo. Por ejemplo, encontrará un Gerente de Proyecto que asume los roles de un Propietario de Producto sin ningún cambio en el título. Los únicos títulos permitidos en Scrum son Scrum Master, Product Owner y Team Member.

Imponiendo la definición de hecho

Algunas personas confunden entre la definición de "Hecho" y las "normas" del proyecto. A veces, la administración y otras partes interesadas imponen normas imposibles en el equipo en nombre de la definición de "Hecho" que desmoraliza al equipo.

Suposiciones

A veces, el equipo no buscará aclaraciones del propietario del producto con respecto al trabajo que se supone que deben hacer.

Si bien un miembro del equipo asume la función de proporcionar soluciones a los usuarios, es importante conocer el alcance del trabajo.

Por lo tanto, la comunicación y la retroalimentación entre los miembros del equipo y el Propietario del producto deben mantenerse a lo largo del proyecto.

Especificación de la solución por el propietario del producto

Scrum aboga por la autonomía en el equipo en sus esfuerzos por encontrar la solución. Por lo tanto, el Propietario del producto debe habilitar al equipo y permitirle la libertad necesaria para que puedan encontrar soluciones para los problemas que se enumeran en el Registro de productos. Los elementos de la cartera de pedidos tampoco deben contener especificaciones técnicas a menos que la especificación esté vinculada a la solicitud de un usuario final o del cliente.

Héroes individuales

Las personas en un equipo no deben tratar de hacer un trabajo excesivo por cuenta propia para ganar el título de "héroe" del equipo. Scrum reconoce el esfuerzo grupal y no a los individuos. Scrum apunta a construir grandes equipos y no grandes personas.

Regando scrum

Diluir los roles, eventos y artefactos de Scrum con las antiguas metodologías de cascada anula los beneficios de este proceso ágil hasta que ya no es posible ver estos beneficios.

Evitar estos escollos garantizará que su equipo mantenga el rumbo durante su implementación de scrum. ¿Cómo mides el progreso o los reveses? Vamos a desglosar algunas métricas clave en el siguiente capítulo.

Capítulo 8

Desglose de las Métricas de Scrum Key

———————— ◆ ————————

Las métricas son herramientas importantes con Scrum porque se usan durante la planificación, adaptación, inspección y comprensión del progreso que un proyecto ha logrado con el tiempo. La determinación de la tasa de éxito o fracaso permite al equipo decidir si realizar cambios o mantener el buen trabajo. El costo y el tiempo son indicadores particularmente excelentes que miden los beneficios de usar Scrum para desarrollar un nuevo producto. También apoya las inversiones de la organización y otros esfuerzos financieros.

Las métricas que pueden cuantificar el nivel de satisfacción que obtienen los usuarios al usar el producto pueden ayudar al equipo a determinar el área que requiere mejoras, ya sea áreas que tienen que ver con el producto o áreas relacionadas con el equipo en sí.

Las siguientes son algunas de las métricas que utilizan los equipos de proyectos Scrum:

Tasas de éxito de Sprint Goal

Una forma efectiva de medir el éxito de un proyecto es determinando la tasa de éxito del sprint. Como mínimo, un sprint no requiere que todas las tareas y los requisitos en el registro de sprint se completen antes de que se considere un éxito. Esto se debe a que un sprint exitoso solo requiere un incremento de producto en funcionamiento que cumpla con el objetivo del sprint y cumpla con los requisitos de la definición de "hecho" del equipo. Como tal, el sprint debe haber pasado por las etapas de desarrollo, prueba, integración y documentación. .

El equipo de Scrum también tiene el lujo de verificar y rastrear la frecuencia con la que logra alcanzar el objetivo del sprint. Esta tasa obtenida ayuda a los miembros y a la gerencia a determinar si el equipo está creciendo y mejorando o si necesita cambiar su rumbo. Los equipos siempre deben trabajar para estirarse ellos mismos. Como tal, el objetivo de cada sprint no es solo terminar de manejar los elementos en el registro de sprint, los sprints son indicadores de crecimiento y mayor conocimiento de los equipos.

Hora de comprar

La frase "Time to Market" se usa para referirse a la cantidad de tiempo que tarda un proyecto en proporcionar valor a sus usuarios a través de sus productos o sus características de trabajo.

Un factor importante a tener en cuenta es que el valor se percibe de dos maneras diferentes. En primer lugar, se dice que un producto es valioso si puede generar ingresos directamente, lo que hace que el dinero se derive de su valor. En la segunda forma, si el producto está destinado a ser usado internamente en una organización, su valor se realiza cuando los empleados pueden usar el producto con éxito. Este valor es subjetivo, basado en lo que cada producto está diseñado para hacer.

Sea como sea, cuando desee determinar el tiempo de comercialización, tome nota de ciertos valores del producto.

Primero, determine el tiempo que ha transcurrido entre el momento en que comenzó el proyecto y el momento en que presenta por primera vez el valor al usuario final.

En segundo lugar, los equipos de Scrum que realizan lanzamientos en cada sprint miden el tiempo de comercialización en días, contando los días que tomó desarrollar el objetivo antes de enviarlo a los usuarios.

La tercera forma es determinando la cantidad de días que tardó entre el momento en que el equipo comenzó a trabajar en una función hasta el momento en que se lanzó, para los equipos que realizan su lanzamiento después de varios sprints.

En general, el tiempo de comercialización permite a las organizaciones conocer y medir el valor actual de los proyectos Scrum.

Este concepto es muy útil para las empresas que producen productos que generan ingresos porque facilita el presupuesto porque se puede hacer durante todo el año.

Defectos

Para que los equipos sean completamente ágiles, deben adoptar prácticas ágiles como la integración continua (CI) y el desarrollo basado en pruebas (TDD). Estas prácticas forman la piedra angular de los procesos ágiles y, sin ellas, los equipos que utilizan Scrum no serían efectivos en la entrega de productos de calidad tan rápido como lo exige el mercado. Esto se debe a que las pruebas manuales generales que se realizan antes de cada lanzamiento y la cantidad de defectos introducidos se pueden detectar fácilmente mediante la automatización.

Es poco probable que los equipos de Scrum alcancen la perfección en cualquiera de estas áreas y, por lo tanto, es probable que cada proyecto tenga algunos defectos. Sin embargo, las técnicas ágiles mencionadas y el marco Scrum ayudan a reducir la intensidad de los defectos.

La ventaja de rastrear defectos es que el equipo puede saber qué tan bien se está desempeñando en lo que respecta a evitar que surjan problemas y cuándo puede refinar estos procesos. Esta métrica también es crítica en las discusiones sobre técnicas de desarrollo y procesos de proyectos durante las retrospectivas del sprint.

Encuestas de satisfacción

La máxima prioridad para cualquier equipo Scrum es satisfacer a los consumidores mediante la entrega de valor, en forma temprana y continua a lo largo de la vida del producto. De manera similar, el Equipo Scrum también busca motivar a los miembros del Equipo y alentar prácticas de desarrollo sostenible.

El equipo de Scrum puede recopilar una gran cantidad de datos valiosos de las experiencias de los miembros individuales del equipo y de los clientes. Estos datos proporcionan información medible que ayuda a los usuarios a comprender cómo se está desempeñando el equipo de Scrum para cumplir su propósito.

Las encuestas de satisfacción del equipo miden la experiencia que los miembros del equipo han tenido trabajando para la organización específica, utilizando los procesos, trabajando con otros miembros del proyecto, el entorno de trabajo y otros factores que podrían afectar su trabajo. Por otro lado, las encuestas de satisfacción del cliente determinan la experiencia del cliente con el proceso, el proyecto y el Equipo Scrum.

Las encuestas se toman en su forma tradicional usando lápiz y papel o utilizando herramientas en línea.

Desgaste del proyecto

Las organizaciones con una cartera de proyectos de cualquier tamaño deben tratar de determinar la tasa de reducción de sus proyectos. En esto, tenga cuidado de no confundir la redistribución de capital con los equipos de administración y agitadores de cualquier manera y en cualquier etapa del proyecto, con base en el capricho del gerente principal.

Es probable que la verificación de la duración del proyecto contra la redistribución percapita exponga una tendencia de proyectos que terminen prematuramente, o simplemente se ejecuten durante más tiempo del necesario. Sin embargo, el primero es el más frecuente.

Sobre la base de los resultados de esta comparación, los gerentes pueden comenzar a investigar las razones por las cuales los proyectos se acortan. Es probable que los hallazgos preliminares indiquen problemas de funcionalidad cruzada, planificación, agitación, impedimentos y priorización como algunas de las razones de la falta de avance.

Relación Gerente a Creadores

Las organizaciones más grandes tienen una capa de gestión media pesada y muchas de ellas no saben cómo funcionar sin la intervención de la gerencia para capacitar y manejar al personal, y estar a cargo de todos los problemas en desarrollo. Sin embargo, es mejor tener el equilibrio correcto entre las personas que crean el producto y los gerentes. La determinación del índice de administrador: creador ayudará a su empresa a conocer el número de personas contratadas que no contribuyen directamente al proceso creativo y minimizan su número en consecuencia.

Retorno de la inversión (ROI)

El ingreso generado por el producto en el que el equipo ha estado trabajando se denomina rendimiento de la inversión. En Scrum, el retorno de la inversión es diferente al de otros proyectos tradicionales porque los productos producidos por Scrum pueden comenzar a generar ingresos incluso después del primer lanzamiento, lo que puede suceder desde el primer sprint. Los ingresos también pueden aumentar después de cada lanzamiento.

Esta métrica proporciona una excelente manera para que una organización tome nota del valor creciente del proyecto Scrum. Con ROI, puede justificar la credibilidad del producto o la función que pretende crear desde el principio, ya que la mayoría de los patrocinadores financia proyectos basados en el potencial visible.

Rotación de miembros del equipo

Scrum abraza y valora el trabajo en equipo y, como resultado, el equipo tiende a tener una moral más alta que los miembros individuales. Una forma de medir esta moral es mirar el volumen de negocios. Utilice las siguientes métricas para determinar este volumen de negocios.

- Rotación de la compañía: cuando la moral de toda la compañía es alta, incluso cuando no incluye el desempeño del equipo Scrum, afecta en gran medida la efectividad y la moral del equipo y otros en la compañía. A medida que comienza el despliegue de Scrum, la compañía debería comenzar a ver una disminución en el volumen de negocios.

- Rotación del equipo Scrum: puede darse cuenta de que el entorno del equipo en su organización es saludable si observa que la rotación del equipo es baja. La alta rotación a menudo se debe a factores como la incompatibilidad de las personalidades, el agotamiento, el ineficaz propietario del producto que dicta y fuerza los compromisos en el equipo o un Scrum Master que no hace mucho para eliminar las limitaciones y restricciones, lo que pinta una mala imagen del Equipo en revisiones de sprint. Todos estos problemas son los principales indicadores de problemas y problemas en el lugar de trabajo, la organización, el proyecto en sí, entre los miembros individuales del equipo y en el equipo en general.

Cuando los miembros del equipo saben y comprenden lo que significan estas métricas, se vuelve más fácil tomar medidas al mejorar el entorno de trabajo y otros actos que podrían aumentar o mantener la moral de los miembros del equipo.

Redistribución de capital

El proyecto debe detenerse inmediatamente cuando se da cuenta de que el valor que obtendrá del desarrollo futuro es menor que la inversión que está invirtiendo. Esta es la razón para clasificar los requisitos por prioridad durante toda la vida de un proyecto, en parte, Porque muestra la capacidad de los requisitos para generar ingresos.

Si solo hay requisitos de bajos ingresos en el registro, podría ser necesario finalizar el proyecto antes de que el equipo de Scrum haya agotado sus recursos. La organización puede utilizar los recursos restantes para comenzar un nuevo proyecto más rentable. El acto de eliminar recursos de un presupuesto a otro se denomina simplemente redistribución de capital.

Para determinar el final de un proyecto, necesita algunas métricas que incluyen el valor (V) de los requisitos que aún se encuentran en la cartera de productos, el costo de oportunidad (OC) de hacer que el equipo Scrum trabaje en un proyecto alternativo y el costo real (AC) que se necesita para que el equipo termine de trabajar en los elementos del Product Backlog.

Si la V es menor que la suma de AC y OC ($V < AC + OC$), el producto debe finalizar inmediatamente porque el costo en el que incurrirá al intentar revivir este proyecto también es mayor que el valor que obtendrá de él. La redistribución de capital permite a la organización maximizar su ROI al gastar sus recursos de manera eficiente solo en el desarrollo de productos que agrega valor.

Habilidad Versatilidad

Un equipo Scrum fuerte es naturalmente más multifuncional que uno más débil. Cuando elimina los puntos únicos de falla para cada equipo, aumenta su capacidad de progreso, aumenta su ritmo de desarrollo y su capacidad para producir productos de alta calidad. El seguimiento de la flexibilidad de habilidades para este equipo también le permite a él y a su gerente evaluar la tasa de crecimiento de esta funcionalidad cruzada.

Hacer esto es bastante fácil. Al comenzar, comienza por capturar todas las habilidades existentes en diferentes niveles. Evaluar las habilidades por individuo, por equipo y por organización. Con el tiempo, a medida que el equipo progresa, espera que sus niveles de habilidades aumenten.

La cantidad de directores y gerentes que la organización tiene por título no trae este crecimiento; se trata de la capacidad de la organización para entregar servicios y productos de calidad a los clientes. También se trata de tener miembros del equipo dedicados que contribuyen al logro de los objetivos del sprint cada día sin aumentar las posibilidades de fracaso.

Estas métricas ayudarán a medir su progreso y también lo ayudarán a determinar dónde se retrasa su equipo. Scrum, al ser un proceso de trabajo dinámico y de alta energía, funciona mejor en equipos pequeños. De hecho, la unidad más pequeña, por así decirlo de la implementación, es un equipo pequeño. Sin embargo, esto no significa que scrum sea incompatible con organizaciones más grandes, como veremos en el siguiente capítulo.

Capítulo 9

Scrum para Equipos Grandes

———————◆———————

En el curso de este libro, probablemente recuerde una declaración que indique el tamaño recomendado de un equipo de desarrollo de Scrum. Idealmente, un equipo debería tener solo 5-9 personas. Sin embargo, también hay grandes organizaciones que trabajan en grandes proyectos y su equipo está formado por un mayor número de personas.

Con un equipo grande, trabajando en el mismo proyecto, con los mismos líderes y en la misma ubicación, sería imposible implementar algunos de los valores y prácticas que Scrum aboga, como la colaboración estrecha y el desarrollo de relaciones interpersonales dentro del equipo. Otros elementos como el Daily Scrum que toma alrededor de 15 minutos tomaría mucho más tiempo.

Sin embargo, la verdad es que un solo equipo de 5 a 9 personas no puede cumplir los objetivos de un gran proyecto, especialmente cuando los recursos se distribuyen en varias ubicaciones. Una situación como esta requiere la creación de otros equipos nuevos y su distribución. El resultado de esto es que la velocidad de tomar el proyecto aumenta, los recursos se guardan y el proyecto se divide en partes considerables que los equipos pequeños pueden manejar.

Este capítulo evalúa los diferentes métodos que los grandes equipos pueden asumir el desafío y abrazar el uso de Scrum en sus operaciones.

Implementándolo y entregando Soluciones

El método más sencillo para extender Scrum a proyectos a gran escala es sumar a la cantidad de equipos que trabajan en la misma ubicación.

Si necesitará varios equipos para implementar el marco y trabajar en los requisitos del proyecto, también debe asegurarse de que el equipo no esté creciendo demasiado rápido. La mejor manera es comenzar con un solo equipo y después de que los primeros sprints hayan finalizado, continúe agregando la cantidad de equipos pequeños según la necesidad de más ayuda. Una vez que el nuevo número se haya integrado completamente en el sistema, siga adelante y agregue algunos otros, según lo considere conveniente.

Al agregar nuevos equipos al proyecto, tendrás dos opciones. El primero es separar un equipo existente y crear nuevos equipos, luego agregar nuevos miembros para que se ajusten al número recomendado. La segunda forma es introduciendo equipos completamente nuevos.

La primera opción tiene una serie de ventajas, una de ellas es que el conocimiento de cómo usar Scrum estará disponible en el equipo a través del miembro experimentado y el equipo puede adaptarse rápidamente a la nueva vida y la producción de currículum. El inconveniente es que estará destrozando miembros que ya se han unido y normado, y el hecho de que se necesita tiempo para vincularse con nuevas personas.

La segunda opción de agregar equipos completamente nuevos es beneficiosa porque los equipos existentes realizan sus tareas sin interrupción. Sin embargo, los nuevos equipos pueden tardar más en comprender cómo funciona el marco de Scrum y, por lo tanto, tardan mucho tiempo antes de que los equipos puedan acelerar el ritmo de los equipos más antiguos.

Independientemente de la opción que elija, siga las siguientes tres reglas cuando agregue nuevos equipos. La primera es que debes comenzar con solo uno o un pequeño número de equipos Scrum. En segundo lugar, siempre dé suficiente tiempo para construir la base y asegúrese de que los equipos se hayan estabilizado antes de dar un paso. Tercero, ser lento al aumentar el número de equipos. Lo ideal es dar pasos pequeños y asegurarse de que la situación exija la adición.

Tratar con equipos distribuidos

La situación se complica si los equipos recién instituidos se encuentran en múltiples ubicaciones porque la distancia introduce problemas de comunicación. Este proceso debe manejarse con la opinión de todos los miembros del equipo y con el mayor cuidado.

Para que la administración de la organización se asegure de que los nuevos equipos se reciban correctamente y de que hayan aprendido las bases de la metodología Scrum lo antes posible, la administración podría colocar a los nuevos miembros del equipo con el lote experimentado en un equipo existente. Esto incluso podría hacerse en una ubicación diferente. Usando este enfoque, el conocimiento se transfiere fácilmente y los miembros construyen relaciones que podrían ser una fuente de orientación e información a medida que el nuevo equipo toma su propio Backlog.

Trabajando virtualmente

Otra alternativa de distribución para tener equipos distribuidos en varias ubicaciones es aprovechando las funcionalidades de internet y los avances tecnológicos. Un equipo que opera de esta manera se llama un equipo virtual.

El desafío que viene con un equipo virtual es la dificultad de simplificar la comunicación por razones como la incapacidad para participar físicamente en las reuniones o la falta de acceso a herramientas de comunicación como el Sprint Board. La solución a esto es tomar herramientas de comunicación y colaboración. Por ejemplo, se puede pedir a los miembros del equipo que asistan a las reuniones a través de la videoconferencia o la reunión se puede realizar en una "sala virtual" que ofrecen la mayoría de las plataformas de colaboración.

Establecer un equipo propietario de producto Scrum

Es necesaria una relación estrecha basada en la conversación diaria entre el equipo y el propietario del producto para garantizar que cada paso que se tome se dirija hacia la implementación exitosa de los objetivos del proyecto. Esto es imposible si un propietario de producto se queda para gestionar muchos equipos.

Sin embargo, si cada equipo debe ser atendido por su propio Propietario del Producto, habrá varios Propietarios de productos, y deben trabajar juntos.

Los propietarios de productos deben crear su propio equipo para mejorar la comunicación y trabajar juntos. Uno de ellos debe convertirse en el líder del grupo, con el título de Jefe de producto Scrum. Su función es garantizar que todos los equipos persigan el mismo objetivo y operen de manera coordinada bajo el liderazgo de los Propietarios de productos de los equipos.

Dado que este grupo solo desempeña un papel de supervisión para ayudar asegúrese de que los requisitos se manejen de manera efectiva, podría ser útil agregar algunos otros interesados, como representantes de clientes y arquitectos como miembros.

Tenga en cuenta que todos los propietarios de productos Scrum trabajan bajo un único Product Backlog, uno que contiene una lista ordenada de historias relevantes según el proyecto.

Equipos de características o componentes

Al dividir el trabajo en un proyecto grande y distribuirlo a los equipos, puede elegir distinguir entre los equipos de características y componentes.

a. Equipos componentes

Si una organización toma el enfoque de los equipos de componentes, su administración debe garantizar que los equipos solo tengan la responsabilidad de implementar los componentes nombrados en el sistema. Sin embargo, terminar una historia de usuario a menudo requerirá que se dividan en piezas más pequeñas que se trabajen como piezas individuales. Esto crea interdependencia entre los equipos, lo que hace necesario utilizar una base común.

En algunos casos, se vuelve difícil terminar una historia de un solo usuario en un sprint porque la implementación dependerá de la finalización y los resultados que otros equipos hayan obtenido. Este enfoque conduce a la "canalización" donde un equipo tiene que esperar los resultados de otro, y debe evitarse tanto como sea posible.

Sin embargo, un equipo componente tiene una ventaja; Es más fácil monitorear la arquitectura del sistema. Además, las personas tienden a especializarse solo en pequeñas secciones de un sistema, y es justo colocarlas en áreas en las que sobresalen.

b. Equipos destacados

Los equipos de funciones tienen la responsabilidad de implementar los requisitos en el Product Backlog. Este equipo no maneja solo una pequeña parte de la tarea; Implementa los requisitos hasta el final hasta que termina la historia. Como tales, los equipos de características son interdisciplinarios y pueden llevar a cabo el proyecto de manera autónoma.

La ventaja de tener equipos de características es que la integración se vuelve más fácil y el conocimiento del sistema se difunde rápidamente. Sin embargo, es difícil asegurar que la arquitectura del sistema permanezca consistente. También es difícil asegurar que los equipos tengan suficiente conocimiento del sistema.

c. Combinando los equipos de Característica y Componentes.

En el terreno, muchas organizaciones utilizan una combinación de ambos equipos en sus grandes proyectos. El equipo componente proporciona los servicios de infraestructura que cuentan con equipos. El equipo del componente no interactúa con los requisitos directamente, pero los obtiene de las presentaciones de los equipos de características. Este sistema combinado reduce la necesidad de contratar a un gran número de expertos, lo que reduce los costos de entrada del proyecto.

El Scrum Master

Si bien hemos discutido el propietario del producto en detalle, Scrum Master desempeña un papel aún más esencial en un entorno distribuido. La razón es que un entorno como este tiene muchos impedimentos que requerirán el conocimiento, la atención y el esfuerzo de un Scrum Master.

Una regla básica en Scrum es que Scrum Master siempre tiene que estar en el sitio donde el equipo está trabajando. De lo contrario, será difícil atenderlos y mitigar los impedimentos que surjan.

Planificación Lookahead

Los procesos ágiles como Scrum optan por el enfoque de planificación justo a tiempo en lugar de la planificación inicial que se realiza en los proyectos de desarrollo de software tradicionales. En el nuevo modelo, el refinamiento progresivo ocurre cuando crea un plan de lanzamiento avanzado y al comienzo de cada iteración. Aunque esta planificación es suficiente para un equipo solitario, esto no funcionaría cuando se usan varios equipos. En una situación en la que un equipo tendrá que agregar su trabajo al de otros, el mejor método para asumir es la planificación anticipada.

Las reuniones de planificación de iteración para un equipo que ha iniciado la planificación anticipada comienzan como cualquier otro, con una planificación basada en promesas que lleva hasta cinco horas de planificación para la siguiente iteración de 2 a 4 semanas. La reunión lleva mucho tiempo porque el equipo debe analizar los requisitos para identificar aquellos a los que puede comprometerse. Una vez que el equipo haya terminado de identificar, estimar y priorizar, los miembros deben acordar si deben comprometerse a terminar de trabajar en los requisitos en la próxima iteración.

Una vez que se ha planificado la primera iteración, el equipo debe permanecer en el lugar y planear para las siguientes 2-3 iteraciones. La segunda y tercera iteraciones no se planifican con tanto detalle como la primera porque el equipo no tiene que definir las tareas como lo hace en la primera. Utilizando métricas como la velocidad histórica para proyectar la velocidad futura, el equipo y el Propietario del producto identifican los elementos en el Backlog que se abordarían adecuadamente en las siguientes 2-3 iteraciones.

Aunque el equipo ha planeado varias iteraciones hasta ahora, su compromiso permanece con la iteración actual. El equipo puede comprometerse con el resto cuando avanza y se convierte en las iteraciones actuales.

La planificación anticipada no se realiza para identificar las deliberaciones de diseño, aunque esto puede suceder como un beneficio adicional. La razón principal de este tipo de planificación es ayudar a coordinar el trabajo cuando se trata de equipos múltiples y, a medida que se presentan las iteraciones, los equipos se concentran en la funcionalidad que probablemente se logrará en esas iteraciones. Cuando se hace esto, los equipos que trabajan en el mismo proyecto encontrarán que dependen unos de otros.

Como puede ver, la planificación anticipada, especialmente cuando se realiza con dos o tres iteraciones por delante, es una técnica útil que facilita la planificación y el trabajo en grandes proyectos.

Scrum of Scrum

Scrum of Scrum es una técnica que se utiliza para alentar la incorporación de Scrum a equipos grandes al dividir a los miembros del equipo en grupos de 5 a 9 personas. En este arreglo, cada scrum diario ofrece a un miembro del equipo que sea su "embajador" en otra reunión diaria de los embajadores de todos los equipos llamados Scrum of Scrums.

Los candidatos elegidos para el papel de embajador dependen del contexto del proyecto. Por ejemplo, un grupo puede elegir un profesional técnico, otro puede elegir un administrador, mientras que otro elegirá su Scrum Master.

Una vez que los embajadores están reunidos, la reunión de Scrum of Scrums se desarrolla como cualquier otra. Se les pide a los embajadores que presenten informes de los requisitos completados, los impedimentos encontrados y los próximos pasos que sus equipos están tomando. Resolver los impedimentos se apoya principalmente en la coordinación de los equipos y las soluciones presentadas pueden ir desde la configuración de interfaces entre los equipos o Renegociando los límites de la responsabilidad.

Los elementos en los que se trabajará se colocan en un Backlog único donde cada elemento está destinado a aumentar la coordinación entre los equipos.

Equipos Scrum distribuidos

Hoy en día, la globalización y las barreras reducidas están llevando a las empresas más allá de las fronteras geográficas. Las grandes multinacionales están particularmente interesadas en las economías emergentes por su bajo costo de operaciones y mano de obra asequible. Además, los equipos distribuidos permiten que el trabajo se realice durante todo el día, además del hecho de que algunos de los mejores talentos se encuentran en estos mercados menos competitivos. Como tal, las compañías están distribuyendo cada vez más equipos, y la buena noticia es que también pueden usar Scrum.

Los equipos distribuidos aumentan la necesidad de una comunicación clara y oportuna entre ellos. Sin embargo, esto enfrenta desafíos en todos los ámbitos. La coordinación entre las diferentes zonas horarias es difícil. No es fácil crear una relación con una persona con la que no puedes relacionarte físicamente. Las diferencias culturales impiden la colaboración. Programar reuniones o tener conversaciones informales puede ser un desafío. Aunque estos problemas son reales, no son irresolubles.

Habiendo notado eso, todavía hay una manera de hacer que el scrum funcione para sus equipos distribuidos. Aquí hay algunas estrategias a seguir:

1. Modificar Scrum

Aunque Scrum tiene un marco flexible, aboga por un proceso que debe seguirse estrictamente. Sin embargo, en este caso, tendrás que romper algunos. Por ejemplo, durante la reunión retrospectiva, el equipo tiene una excelente oportunidad para hablar sobre qué funcionó y qué no durante el transcurso del sprint. Sin embargo, en la versión modificada de Scrum, el equipo puede usar este tiempo para discutir las necesidades del equipo.

Si efectivamente existen obstáculos para una comunicación efectiva, el equipo puede adoptar cuatro lugares diferentes para comunicarse.

Incluyen:

La gestión del proyecto: sea cual sea el sistema de comunicación que el equipo haya elegido, el equipo debe atenerse a él. El método debe ser uno que permita a todos comprender diferentes tareas en él, determinar de dónde se está realizando y la persona que está trabajando en él.

Documentación: A veces, la colaboración se ve reforzada por un documento escrito

Video Chat: los chats de video permiten a los miembros participar en vivo chats cara a cara Cuando esto sucede, grabe el chat para Los que no llegaron a la reunión.

Chat en grupo: un chat en grupo es una herramienta de comunicación fundamental para los equipos distribuidos. Con estas opciones disponibles, no gire a los correos electrónicos para ejecutar conversaciones internas.

Tampoco deben usarse para asignar trabajos a las personas.

2. Adaptarse a la comunicación asíncrona.

Confiar en la transmisión en vivo para la comunicación a través de medios como Snapchat puede hacer que los miembros del equipo piensen que siempre deben estar en línea para no perder ninguna comunicación.

Sin embargo, tener que estar en línea puede ser molesto y no es realista ni razonable. Por lo tanto, si está utilizando alguna de las herramientas mencionadas anteriormente, no espere que la persona a la que envíe el mensaje responda de inmediato. Ellos lo contactarán una vez que vuelvan a estar en línea, lo que podría llevar 12 horas.

3. Documentar todo

Scrum no recomienda demasiada documentación, pero un equipo distribuido necesitará documentación frecuente y completa sobre el progreso realizado. Cada miembro debe mantener un registro de todas las tareas actualizadas en forma de un sistema de gestión de proyectos, y también debe escribir sobre lo que están haciendo. Esto puede ser estresante, pero facilita la entrega en caso de que el miembro sea retirado del equipo, de forma permanente o temporal.

4. Usa Slack para los Stand-ups

Scrum Stand-ups fueron pensados para ser reuniones estrictamente individuales. Sin embargo, un equipo distribuido lo hace difícil. Si utiliza soportes de video como sustituto, encontrará desafíos como la dificultad para tener un horario común. En su lugar, utilice Slack para publicar stand-ups y de esta manera, los miembros del equipo podrán publicar el suyo el mismo día, pero en el momento en que estén disponibles.

5. *Utilice la videoconferencia para retrospectivas, Revisiones, y Planificación*

Las reuniones deben suceder sincrónicamente, pase lo que pase. Presentan a los miembros del equipo la oportunidad de mostrar su progreso y, a su vez, recibir comentarios en vivo. El equipo debe trabajar en conjunto para desglosar las historias de los usuarios y hacer estimaciones para facilitar el intercambio de sus ideas y opiniones.

6. *Hablar de ello*

La mayoría de los desafíos en la vida se resuelven simplemente hablando de ellos. Si bien la tecnología y los acuerdos de trabajo resuelven la mayor parte de los problemas, hablar sobre los desafíos promueve la comprensión y la empatía, que es la base para mejorar la comunicación y la colaboración.

Al final, es el deber de Scrum Master ayudar al equipo a superar sus desafíos, para que los miembros del equipo se sientan esperanzados y no se sientan frustrados por sus situaciones.

Equipos internacionales

Como observó un investigador, la distancia no favorece a Scrum porque una vez que los equipos están separados por más de 50 metros, nadie quiere tener que cerrar la distancia, ya sea subiendo un tramo de escaleras o volando a muchas millas de distancia. Si esa es la situación, ¿cómo funcionan los equipos globales? Lo hacen aceptando las diferencias entre ellos y adoptando una mentalidad orientada al equipo.

Cuando necesita acortar distancias, hay dos formas posibles de hacerlo. Son:

1. Emplear tecnología e infraestructura que promueva la colaboración.

2. Haga que el equipo firme acuerdos de trabajo.

El acuerdo de trabajo debe abordar los desafíos que presenta el modelo internacional, como las diferencias de idioma, vacaciones, cultura y zonas horarias. Entérate de cómo manejar estos problemas de manera silenciosa.

Mejores prácticas

Las mejores prácticas de Scrum animan a los miembros del equipo a impulsar y adoptar el marco a pesar de los problemas o cambios que se producirán. Juntas, estas prácticas anulan los impedimentos del progreso, brindan al equipo ideas sobre la mejor manera de cumplir con los requisitos y ayudan al equipo a priorizar las historias, todo para cumplir los objetivos del proyecto.

A continuación se muestran algunas prácticas que los equipos de Scrum pueden realizar:

Priorizar la coordinación del equipo.

En su simplicidad, un equipo de desarrollo de Scrum solo tiene un equipo que tiene las habilidades, el conocimiento y el mandato para diseñar, codificar y probar el proyecto. Sin embargo, a medida que aumenta el número de equipos, el sistema también se vuelve más complejo con actividades que se extienden hasta la formación del Scrum of Scrums. Como tal, dejar que los miembros del equipo sepan que tienen la responsabilidad de desarrollar la coordinación entre equipos, que promueve el flujo de información.

Tener una visión compartida para el proyecto.

Participar en el proceso de creación de la visión crea un sentido de propiedad entre los miembros del equipo, tanto en el proceso de creación como en la obtención de resultados. Para mejorar esto, asegúrese de que el equipo pase el mayor tiempo posible juntos.

Los viajes de colocación presentan una excelente oportunidad de unión. Además, asegúrate de hacer todo como un equipo, desde la planificación del sprint hasta la planificación del lanzamiento al scrum diario.

Proponer un plan de comunicación y sincronización.

Este plan debe indicar cómo se comunicarán y se sincronizarán el equipo local, el equipo en el extranjero y el cliente.

Cree una definición y distinción claras de los repartos distribuidos y diarios, revisiones de esprint y retrospectivas.

Haz los sprints cortos

No tiene sentido crear un gran presupuesto solo para entregarlo a un equipo offshore y esperar los resultados en los próximos 6 meses. Los sprints cortos aseguran que tanto los equipos locales como los de alta mar estén constantemente comprometidos. Los sprints cortos también son una fuente de retroalimentación y pueden ayudar a redirigir al equipo rápidamente en caso de que ocurran errores.

Opta por equipos de características o competentes en lugar de equipos de capa

Esta elección asegura que el producto y los procesos sean de alta calidad. También aumenta la moral del equipo, reduce el tiempo de integración y reduce la redundancia de proyectos.

Tener un Scrum Master en todas las ubicaciones

Se necesita un Scrum Master en el sitio para solucionar cualquier impedimento que surja para el contexto de cada equipo.

Construir confianza al aumentar las interacciones uno a uno

Trate de aumentar la frecuencia de las interacciones cara a cara entre el equipo local, el equipo en el extranjero y el cliente. Una buena infraestructura de comunicación, como Skype y un alto ancho de banda, permitirá una comunicación perfecta.

También es importante que programe visitas regulares y pruebas para la duración de todo el proyecto. Cree oportunidades para que los equipos locales y los de alta mar se reúnan e interactúen entre sí para iniciar relaciones y generar confianza.

Involucrar a las partes interesadas en la planificación y actividades de estimación

Deje que todas las discusiones de estimación y planificación se realicen en presencia de un actor, como el cliente. Cuando la parte interesada escucha lo que sucede detrás de la escena, es probable que comprenda y justifique la estimación. Esto cultiva la confianza y ayuda a reducir la posibilidad de conflicto acerca de las estimaciones.

Siempre tiene un objetivo principal para cada sprint.

Los objetivos de Sprint mantienen al equipo en curso, enfocados en la dirección correcta. Los objetivos establecen los límites que indican lo que el equipo debe lograr, como mínimo.

Evita romper los equipos existentes.

Si el equipo ha trabajado juntos durante mucho tiempo, en el proyecto actual o incluso en otros del pasado, sería injusto separarlos cuando se presente un nuevo proyecto. Los miembros de un equipo han aprendido a trabajar juntos y entender las habilidades de cada uno. Una de las mejores prácticas es mantener un equipo unido en todas las circunstancias.

Gestión de personas

En el corazón de cualquier proceso ágil, como Scrum, se encuentra la autogestión, también llamada autoorganización. Debido a este énfasis en la autonomía, la auto-organización es a veces mal interpretada como que no necesita un gerente. Sin embargo, la buena gestión de personas requiere orientación sobre lo que es ser un administrador en un entorno de autoorganización. Sin esta comprensión, tener un gerente tendrá el efecto contrario.

Por ejemplo, un gerente que emplea métodos de administración de personas tradicionales limita la efectividad, el poder de ágil y la capacidad del propio equipo. Aunque administrar a las personas de tal manera que se construya la autoorganización puede ser un desafío, se requiere porque sus beneficios son grandes.

Los gerentes son los líderes en proyectos y, por lo tanto, tienen varios roles de administración de personas en organizaciones basadas en Scrum. Están a cargo de la dotación de personal y la asistencia a los miembros del equipo con el desarrollo profesional. Buscan influir en lugar de mandar al equipo.

Los deberes de un gerente, en respuesta a su rol de gestión de personas en los proyectos Scrum, incluyen:

1. Prevenir el desperdicio eliminando las limitaciones o impedimentos contra el equipo.

2. Crear un entorno propicio para el equipo, que abarque la confianza y los apoye incluso en el logro de objetivos personales.

3. Ofrecer apoyo al equipo mientras el equipo busca optimizar sus procesos. Esto se hace para garantizar que los miembros del equipo y otras partes interesadas obtengan los mayores beneficios posibles de Scrum.

4. Proporciona y aplica límites de autoorganización para evitar riesgos, alentar la colaboración multifuncional, alentar el esfuerzo centrado y alentar el aprendizaje.

Gestion cultural

La mayoría de los equipos internacionales y distribuidos están formados por personas provenientes de múltiples culturas, algunas de las cuales aún trabajan en su país de origen. Aunque trabajar de forma remota puede ser todo un desafío, las diferencias culturales afectan esta colaboración. Por un lado, las diferencias en la cultura afectan la comunicación porque influyen en los niveles de responsabilidad, apertura, jerarquía y el enfoque para trabajar en general.

Sin embargo, a medida que se lee este subtítulo, es posible que los equipos manejen las diferencias culturales entre ellos. Esto no es algo que los equipos puedan elegir hacer o no, administrar la cultura es positivo y solo generará vibraciones positivas para un equipo.

Scrum también provoca un cambio de cultura organizacional en algunas empresas. Este patrón se ha observado en muchas organizaciones que han usado Scrum durante un período. Esto se debe a que una vez que el marco de Scrum se aplica de la manera correcta, comienza a influir en la forma en que las personas piensan y en cómo funcionan. Cambia la estructura de toma de decisiones y la cultura de toda la organización también comienza a cambiar. Si la empresa sigue este nuevo modelo para que los nuevos valores se mantengan, Scrum habrá logrado un cambio cultural.

Para concluir, la cultura influye en el trabajo en equipo en muchos niveles. Al observar estas diferencias, un buen lugar para comenzar es tomar nota de las formas en que la cultura afecta el trabajo y la capacidad de un equipo para cumplir. Una vez hecho esto, podemos proceder a organizar estas diferencias y trabajar para superarlas.

Capítulo 10

Carrera como coach ágil
y certificaciones disponibles

———◆◆———

La metodología Agile ha ganado popularidad para cambiar el panorama de la gestión de proyectos y el desarrollo de software. A tal efecto, la demanda de profesionales con un poco de conocimiento y experiencia en el mismo ha aumentado. Más personas se están entrenando para convertirse en entrenadores ágiles.

Un coach de Agile desempeña un papel valioso en la organización y para lograr un cambio en la organización. El coach brinda asistencia a las organizaciones que intentan implementar la metodología Agile al ayudarles a formar equipos y cultivar la cultura de cambio necesaria para el éxito ágil.

El entrenador también tiene la tarea de ayudar a los equipos a través del proceso de implementación y alentar a los trabajadores y la gerencia a adoptar métodos ágiles en todas sus funciones. Su objetivo final es proporcionar a los equipos las herramientas, el conocimiento y la capacitación que se necesitan para realizar todo el potencial de Agile.

Un entrenador ágil dice que la responsabilidad de un entrenador es evaluar dónde se encuentra el equipo en términos de su trayectoria de desarrollo y ofrecer un enfoque complementario para apoyar este crecimiento. La agenda principal de este equipo es mejorar y esto solo se puede hacer si los entrenadores hacen las preguntas correctas, desafían los procesos mentales de las personas, proporcionan un buen modelo mental y guían a los equipos en sus esfuerzos por construir productos excelentes para su clientes.

El papel de un entrenador ágil

El rol que desempeña un entrenador ágil en una organización puede ser permanente o temporal, según las necesidades de la organización. Las grandes organizaciones que dirigen varios equipos ágiles pueden querer mantener un entrenador ágil como parte de su personal para que pueda ayudar a supervisar la adopción de la metodología a largo plazo. Otros prefieren contratar a la persona o tenerlos solo temporalmente. A las pequeñas y medianas empresas les resulta más útil contratar entrenadores por contrato, solo para que sus equipos ágiles estén en funcionamiento y luego liberen a los entrenadores una vez que los equipos se hayan adaptado.

El entrenador ágil no solo es contratado para ayudar al equipo a aceptar este cambio, el entrenador también trabaja con toda la organización para ayudar a un cambio cultural. Como tal, para que una organización implemente esta metodología correctamente, el coach debe incluir el apoyo de otros empleados en la organización y en el de los interesados.

Tomar la metodología ágil es literalmente un cambio cultural. Es un cambio repentino de las prácticas tradicionales de comando y control de la administración a un entorno colaborativo centrado en el equipo. Para que una organización se nutra a través de este cambio significativo, se requiere el aporte de una persona con un montón de habilidades y experiencia influyentes.

La adquisición de las habilidades que necesitará como entrenador ágil no mejora la adquisición de las certificaciones correctas. A continuación hay una serie de certificaciones que deberá adquirir.

Certificaciones Agile Coach PMI-ACP

El PMI-ACP es una abreviatura utilizada para referirse al Ágil.

Certificado de Profesional Certificado obtenido en el Project Management Institute. Esta certificación está dirigida a profesionales a cargo de la gestión de proyectos cuyas empresas están utilizando actualmente o tienen la intención de cambiar a métodos ágiles. Esta certificación ofrece la garantía de que el titular de este certificado ha adquirido un montón de experiencia en la gestión de proyectos ágiles en el mundo real y que la persona está familiarizada con varias metodologías ágiles como Kanban, Scrum y Lean, entre otras. Aquellos que reciben esta certificación deben proporcionar una prueba de la práctica al obtener al menos 30 unidades de desarrollo profesional (PDU) cada tres años para mantener su certificación.

La certificación PMI-ACP está disponible en formatos de prueba basados en computadora y en papel a un costo de $ 495 y $ 385 respectivamente.

Instituto de Certificación Agile

Encargado de todo tipo de cuestiones relacionadas con la adopción de las metodologías ágiles, el Agile Certification Institute es un organismo que ofrece varias credenciales y certificaciones para el desarrollo de software. Esta certificación también abarca la gestión de empresas de proyectos y productos, el desarrollo y la gestión ágiles de talentos. ACI también ofrece certificaciones en otros programas como Scrum, Lean y Kanban en los niveles de asociado, practicante, propietario y maestro. El costo de cada curso es de $ 99.

APMG Internacional

Un entrenador ágil intencionado también puede obtener su certificación de APMG international, una organización de acreditación reconocida mundialmente que ofrece una serie de certificaciones ágiles de gestión de proyectos. La organización busca mejorar la capacidad de los gerentes de proyecto para cumplir con proyectos ágiles que requieren visibilidad, estándares y rigor además del marco Agile. Las certificaciones que se ofrecen incluyen la gestión ágil de proyectos, la gestión ágil de programas y el método de desarrollo de sistemas dinámicos independiente del proveedor.

Los cargos por estas certificaciones dependen del examen que tomará el candidato a partir del examen Agile Project Management Foundation en 218 euros al examen Agile Project Management Practitioner en 330 euros.

Academia ágil escalada

A medida que las grandes empresas adoptan Agile, existe la necesidad de profesionales ágiles que puedan demostrar conocimientos y habilidades para escalar el marco ágil. Como tal, la organización Scaled Agile Framework (SAFe) se ha convertido en la base para la entrega exitosa de prácticas ágiles o magras en grandes compañías de software. Scaled Agile Academy ofrece cinco certificaciones que incluyen al Consultor del Programa SAFe, al Practicante SAFe, al Propietario / Gerente del Producto SAFe, al Capacitador Consultor del Programa SAFe y a la certificación Agilist de SAFe.

Los entrenadores potenciales tienen que separarse con $ 995 para cada curso. Consiguen sentarse para el primer examen sin costo alguno. Una vez que un entrenador ha recibido su certificación, debe pagar una cuota de membresía anual de $ 100.

Consorcio Internacional de Agile

El Consorcio Internacional para Agile (ICAgile) es una agencia independiente que acredita y ofrece certificaciones Agile para capacitar a expertos en todas las metodologías Agile como XP, Scrum, Kanban y otras.

Los niveles de certificación para esta agencia incluyen niveles profesionales, expertos y maestros. En cada nivel, el candidato recibió un conocimiento incremental a través de la instrucción y el entrenamiento destinado a aumentar el dominio y la competencia de un candidato utilizando Agile. Los candidatos deben pagar una pequeña tarifa de $ 60 por cada certificado.

Gerente de Proyectos Agile Certificado (IAPM)

IAPM es una asociación profesional internacional y organización de acreditación para gerentes de proyectos. La organización tiene como objetivo promover la investigación, el desarrollo y la aplicación práctica de técnicas de gestión de proyectos. Para ello, presenta pautas y estándares para la formación de principiante y avanzada en gestión de proyectos. IAPM también revisa y aprueba las competencias de gestión de proyectos en la profesión.

IAPM ofrece certificación para los gerentes de proyectos, desde el nivel junior hasta el senior y para el nivel internacional, y los exámenes cubren las facetas blandas y duras del proyecto de administración.

Los precios de certificación para estos cursos dependen de las nacionalidades de los candidatos en función del PIB de sus países, para garantizar que la capacitación y las pruebas sean asequibles para el mayor número posible de estudiantes. El curso Certified Agile Project Manager, que ocupa el tercer lugar en la jerarquía de los tres niveles de capacitación que ofrece IAPM, tiene un precio de $ 122 en los Estados Unidos y el costo del examen y la certificación es de $ 650. IAPM ofrece generosamente a los solicitantes de empleo, estudiantes y personal de organizaciones de ayuda activa un 20% de descuento.

Alianza Scrum

Scrum Alliance es la organización de membresía definitiva para profesionales de Scrum. Cuenta con la suscripción más alta de profesionales de Scrum por su apoyo a la extensa adopción y uso de

Scrum. Aparte de eso, Scrum Alliance ofrece seis certificaciones diferentes para profesionales de software y desarrollo de TI. Incluyen Certified Scrum Trainer, Certified Scrum Master, Certified Scrum Developer, Certified Scrum Professional, Certified Scrum Product Owner y Certified Scrum Coach.

Los candidatos pagan $ 1,547 por cada curso y un anual de $ 250 Cuota de renovación de certificación.

Certificado Strategyex en ágil

Colaborando con la Universidad George Washington, TwentyEighty Strategy Execution, una compañía de aprendizaje en línea, ofrece Certificados de Asociados o Maestros en Agile. El certificado de Asociados requiere que una persona tome tres cursos diferentes en el transcurso de dos años para mejorar sus habilidades y conocimientos ágiles. Por otro lado, el certificado de maestría se adquiere después de tomar siete cursos durante un período de cuatro años para mejorar su competencia en el Ágil y sus metodologías. Es solo después de la certificación de los Maestros que los titulares pueden agregar credenciales a sus nombres.

En TwentyEighty, también tiene la libertad de tomar cursos individuales para aprender sobre la gestión ágil de productos y proyectos, la planificación, la estimación y el conocimiento de los requisitos Agile. El costo de tomar cada uno de estos cursos individuales es de $ 1,645.

Conclusión

———————◆———————

Gracias por llegar hasta el final de Scrum Project Management: Evitar los contratiempos del proyecto: la Guía del experto.

Espero que haya sido informativo y que pueda proporcionarle todas las herramientas que necesita para lograr sus objetivos, sean cuales sean. Ciertamente, ha agregado al conocimiento que tenía de los dos libros anteriores de la serie, y ha visto cuán adaptable es la metodología Scrum.

El marco de Scrum es una guía ideal para los equipos de desarrollo de software, que incluye disposiciones para equipos en la misma ubicación, equipos distribuidos y equipos internacionales. Establece una base de reglas que establecen el límite para el equipo de desarrollo, antes de dejarlos sueltos, permitiéndoles explorar soluciones por su cuenta. Uno de los aspectos críticos que enfatiza Scrum es la necesidad de comunicarse y hablar sobre el proyecto diariamente con el equipo, el Scrum Master y el propietario del producto. Estas discusiones tienen como objetivo medir la cantidad de trabajo que se ha realizado y garantizar que el proyecto aún esté en curso y en la dirección correcta.

Es interesante ver cómo Scrum iguala todo el poder y las habilidades que los miembros pueden tener en otros lugares. Solo reconoce tres títulos: el equipo, el Scrum Master y el propietario del producto. Solo el Scrum Master tiene alguna forma de autoridad sobre el equipo, pero se le advierte que no interfiera en sus actividades, solo puede observar a los miembros. Dentro del equipo, sin embargo, encontrará profesionales de diferentes departamentos, algunos senior y otros junior.

Sin embargo, en los límites del equipo, todos los miembros son iguales y deben relacionarse como tales. De hecho, Scrum los alienta a unirse y establecer vínculos interpersonales sólidos que los mantendrán unidos durante el curso del proyecto.

Dado que ha obtenido tanta información valiosa de este libro con respecto al marco Scrum, el siguiente paso es abogar por su aceptación en las empresas. Todas las empresas se beneficiarían de la adaptación de este marco adaptable que permite que su personal sea lo más creativo posible al tiempo que garantiza la producción continua de artículos de calidad que complacen al usuario final.

Finalmente, si encuentra que este libro es útil de alguna manera, ¡siempre se agradece una revisión en Amazon! ¡Gracias por leer!

www.ingramcontent.com/pod-product-compliance
Lightning Source LLC
Chambersburg PA
CBHW071133050326
40690CB00008B/1445